_____님에게 드립니다.

그리움은 별이 되어

그리움은 별이 되어

초판 발행 2025년 1월 13일

지은이: 최은평
펴낸이·책임편집: 손영란
디자인: 조유영
표지: 박송화
삽화: 김준이

펴낸곳: 키아츠
주소: 강원도 화천군 간동면 용호길 33-13
전화: 02-766-2019
팩스: 070-7966-0108
이메일: kiatspress@naver.com
홈페이지: smartstore.naver.com/kiats
블로그: blog.naver.com/kiatspress
페이스북: www.facebook.com/kiatspress

ISBN: 979-11-6037-235-9(03230)

그리움은
별이 되어

◆
최은평 지음

키아츠북스

목회를 하다 보면 많은 부부를 만난다.
기억의 스크린에 잠깐 머물다 사라짐이 대부분이다.
그런데 유난하게 또렷이 기억되는 부부들이 있다.
최남철 장로님과 성연숙 권사님이 그런 부부다.

유별나게 사랑스러움을 숨기지 못하는 부부였고
신앙인 가정의 모델로 기억하고 싶은 부부였다.
그리고 그런 멋진 동행을 드라마처럼 마무리하였다.
성 권사님을 떠나보내는 모습이 너무 슬프고 아름다웠다.

최 장로님의 고백처럼 이제 성 권사님은 하늘의 별이 되었다.
그 하늘의 별을 바라보는 절절한 그리움이 이 책에 담겼다.
우리 시대 보기 드문 부부행전이자, 사랑의 교과서라고 생각한다.
천상의 재회를 꿈같이 기다리는 그 그리움에 당신을 초대하고 싶다.

이동원 목사, 함께 걷는 천로역정의 순례자

부부의 인연은 아주 특별한 하나님의 선물이다.
우리 부부 역시 이 놀라운 축복에 감사하며 살고 있다.

이 책의 첫 장을 넘기면서부터 눈물이 앞을 가리고 목이
메어왔다. 사랑하는 아내를 암으로 떠나보낸 안타까움과
애절한 그리움이 보는 이의 마음을 아프게 한다.

그 아픔을 아름답게 신앙으로 승화시킨 저자의 용기에
찬사를 보내며, 부부의 참된 가치와 소중함을 가슴 깊이
일깨워 주고 있는 이 책을 이 시대의 모든 부부에게
또 미래의 부부들에게 필독서로 감히 추천한다.

최수종 장로, 하희라 권사, 탤런트

크리스천에게 죽음이란 부활에 대한 소망이자 천국 여정의 시작이다. 저자는 껌딱지처럼 항상 함께하던 아내의 죽음을 통해 그 죽음 너머 영원을 바라보면서, 자신의 눈물을 잉크 삼아, 그 눈물로 먹을 갈아 이 사랑의 노래를 부른다.

이 책은 결혼을 꿈꾸거나 결혼을 앞둔 청년들에게 배우자를 사랑하는 법에 대한 귀한 교훈을 가르쳐 주고, 위기의 부부들, 그리고 오랜 세월 함께한 탓에 서로의 귀함을 잊으신 분들에게는 배우자가 하나님께서 주신 귀한 선물임을 일깨워 주는 감동적인 이야기이다.

이 세상의 모든 부부에게 이 책을 권한다.

조미연, 춘천지방법원 부장판사

췌장암으로 아내를 먼저 떠나보낸 저자의 진솔한 이야기와 신앙고백을 담은 책이다. 깊은 슬픔 속에서도 믿음을 잃지 않고, 아내와의 사랑을 기억하며 하늘의 약속을 향해 나아가는 저자의 모습은 독자들에게 큰 감동과 위로를 선사한다.

사랑하는 사람을 잃고 슬픔에 잠겨 있는 분들은 이 책을 통해 힘찬 위로와 소망을 얻을 것이며, 부부간 사랑이 식어버린 독자들은 샘솟듯 뜨거운 부부애를 재발견하게 될 것이다. 또 아름다운 결혼생활을 꿈꾸는 예비부부에게는 참된 부부의 가치를 일깨우는 축복이 될 것이다.

노승빈, 백석대 교수

이 책은 최남철 장로님의 삶 속에 역사하신 하나님의 스토리를 담고 있다. 아내와의 첫 만남부터 시작해서 사랑하는 아내를 하나님께로 보내기까지 기쁨과 시련, 그 안에서 하나님께서 역사하셨던 내용을 감명 깊게 서술하고 있다.

아내와의 사별의 아픔, 사무치는 그리움을 신앙의 힘으로 수용하고, 고난 가운데서도 섭리하시는 하나님의 손길을 온전히 붙드는 저자의 깊은 믿음은 큰 울림과 도전을 준다.

아무쪼록 이 책의 독자들이 저자의 가슴 시린 고백을 통해 우리 삶의 주관자이신 하나님을 발견하고, 고난 가운데서 하나님을 더 깊이 만나 누리는 은혜와 축복이 함께 하길 소망한다.

현승원, ㈜디쉐어 의장

차례

35년 전, 천사처럼 내게 다가온 그녀가
천사처럼 곱디고운 자태로 내 곁을 떠났다.
그녀와 함께한 세월이 갑자기 '한여름 밤의 꿈'이 되었다.
선녀를 떠나보내야 하는 나무꾼의 허탈함이 이러했을까!
허물을 벗듯 남기고 간 애잔한 추억들만 눈에 밟힌다.

눈이 부시게 아름다운 아내의 영정사진을 바라보며
내 살갗을 여러 번 꼬집어 보았다.
차라리 이것이 꿈이라면….
새벽녘에 꾼 한바탕 악몽이었으면….
받아들이기 힘들어도 현실은 현실이다.
나의 반쪽, 나의 분신, 껌딱지 같은 나의 사랑이 떠나갔다.
가슴 한편이 휑하게 뚫려 찬 바람이 스며든다.
다리 한쪽이 휘청이듯 무게 중심을 가누기가 힘이 든다.

하나님을 믿기에, 그분의 선하신 손길을 맛보아 알기에
일체 원망은 하지 않기로 했다.
왜냐고 묻지도 않기로 했다.
그러나 견디기 힘들 만큼 아프다는 하소연은 멈출 수 없었다.

"네 아내의 십자가 너머 나를 보렴!
네가 아내를 위해 우는 것처럼 나를 위해서도
그렇게 울어보았니?"

순간 귓속에 이명이 울리듯 정신이 아득해졌다.
주님! 죄송합니다. 제게 이 깨우침을 주시려고
모진 고난을 주셨군요!
아내의 십자가를 통해 당신의 사랑을 깨우쳐 주시니 감사합니다!

사랑하는 나의 동역자, 성연숙 권사는 내 곁을 떠나갔지만
그녀는 내게 예수님의 '사랑'과 '은혜'를 깊이 일깨워 주고
영면하였다.

천사처럼 살아온 그녀의 삶을 아시는 하나님께서
크신 긍휼과 안식으로 그녀를 맞아 주시리라 믿는다.

언젠가 때가 되면 말할 수 없는 하늘의 영광 가운데
사랑하는 아내와의 꿈 같은 천상의 재회를 소망하며
나의 갈길 달려가련다.

잊기 위해 떠난 여행에서 그녀를 다시 만나다

아내를 주님 품으로 떠나보내고 보름이 지났다. 집안 곳곳에 배
어있는 아내의 흔적들을 보니 문득 허전함이 밀물처럼 몰려온
다. 장례식 내내 무던히도 참고 참았던 눈물이 터져 나왔다. 조
문객들로 붐빌 때는 외로움을 느낄 여유가 없었는데 이제는 아
내의 빈자리가 더 크게 다가온다.

　아내가 그토록 사모하던 하늘나라로 아름다운 소풍을 떠났노
라고, 지금쯤 천사들과 어울려 주님 품에서 기쁨의 안식을 누릴
것이라고 믿지만, 왜 이다지 내 마음은 시릴까. 천국으로 떠나
보내는 환송식을 했다고 말하면서도 가슴 깊은 곳에서 솟구치는
서러움은 왜일까.

　깊은 슬픔의 늪으로 빠져들려는 순간, 제주도에 계신 신학대
교수님에게서 전화가 왔다. 제주에 와서 좀 쉬라는 제안이었다.

중국 선교사로 계실 때 내 전도 책자를 중국어로 번역, 출간해 준 인연으로 줄곧 동역해 오는 분인데, 내가 힘들어할 시간에 고맙게도 초대를 해주었다. 교수님의 안내로 그간 못 가본 제주의 구석구석을 누비는 호사를 누렸다.

한림읍에 있는 '제주 성서식물원(비블리아)'에 와보니 성경에 나오는 수백 종류의 나무와 꽃을 심고 가꾸어 놓아 경이로웠다. 아내가 조경을 전공한 덕에 자주 식물원, 공원을 찾곤 했는데 왜 이곳을 몰랐지! 아내와 함께 왔으면 얼마나 좋아했을까! 교회 월간지에 '성경 속의 식물' 코너를 연재한 아내인지라 아쉬움이 더 컸다.

나는 마치 아내에게 보여주려는 듯 정성껏 수십 장의 사진을 찍었다. "여보, 이 꽃 이름이 뭐야? 저 나무 이름은?" 하고 물으면 백과사전처럼 막힘없이 답해주던 아내가 이제는 옆에 없다. 밤에 숙소에 돌아와 식물원 사진을 정리하며 아내 생각에 많이 울었다. 잊으려고 떠나온 여행에서 아내를 다시 만난 것이다.

한용운 시인의 '님의 침묵' 중 한 구절이 떠오른다.

님은 갔습니다. 아아, 사랑하는 나의 님은 갔습니다…

나는 향기로운 님의 말소리에 귀먹고, 꽃다운 님의 얼굴에 눈
멀었습니다.

사랑도 사람의 일이라, 만날 때에 미리 떠날 것을 염려하고
경계하지 아니한 것은 아니지만, 이별은 뜻밖의 일이 되고,
놀란 가슴은 새로운 슬픔에 터집니다···

아아, 님은 갔지마는 나는 아직 님을 보내지 아니하였습니다···

그렇다. 아내는 떠났지만 나는 아직 그녀를 마음속 깊은 곳에
서 떠나보내지 못하고 있었다. 이 트라우마가 앞으로 얼마나 더
이어질지 알 수도 없었다. 아내를 향한 나의 '내적 치유'가 필요
했다. 그래서 아내와의 첫 만남부터 이별까지, 그간 묻어둔, 때
론 가슴 따뜻하고 때론 가슴 시린 사연들을 묶어 책을 쓰기로 마
음먹었다.

그녀를 애타게 그리는 사랑의 세레나데이자, 60대 중반 한창
나이에 사랑하는 남편과 자녀, 친지와 교우들을 떠나간 그녀의
억울함을 달래는 진혼곡이며, 이제 그녀를 진정으로 내 맘속에
서 자유롭게 놓아 보내려는 아름다운 고별의 노래가 되었으면
하는 바람으로, 나의 눈물을 잉크 삼아, 나의 눈물로 먹을 갈아
못다 한 사랑 노래를 쓴다.

가라 내 사랑아!

깃털처럼 가벼운 자유의 날개를 타고 그토록 사모하던 영혼의 본향, 사망이 없고 애통하는 것이나 곡하는 것이나 아픈 것이 다시 있지 아니하는, 눈물 없는 그 나라로!

오롯이 사랑과 기쁨과 화평과 자비와 착함이 넘실대는 낙원으로! 그토록 사모하던 하늘 아버지 품으로!

만
남

첫눈에 반한 교회 누나

1986년 가을로 기억한다. 군대에서 제대하자마자 예수님을 인격
적으로 만나 구원을 받고 나니 온 세상이 달라 보였다. 성경 말
씀이 꿀 같이 달고 예배가 간절히 기다려지고 교제에 목말라하던
차에 교회 선교잡지를 만드는 편집팀에 처음 참석한 날이었다.

　방문을 열고 들어가니 방안에 청년 형제자매들이 가득했다.
문을 열자마자 정면으로 마주친 맑고 아름다운 자매의 얼굴이
제일 먼저 눈에 들어왔다. 어찌나 곱고 아리따운지 천사를 마주
하는 듯 내 시선이 한참 동안 그녀에게 붙들려 버렸다.

　당시 나는 복학생으로 대학교 『타임』지 동아리 회장을 맡고 있
었기에, 해외 기독교 잡지, 간행물들을 발췌, 번역하는 일을 담
당했다. 그리고 그 자매는 편집팀에서 오래 잔뼈가 굵은 베테랑

이었고 잘나가는 조경설계 전문가이기도 했다. 나중에 안 사실이지만 나이가 나보다 네 살이나 연상이었는데 너무도 앳되어 보였다. 지금이야 네 살 차이 연상연하 커플이 흔하지만, 당시에는 쉽게 넘기 힘든 벽이었다. 마음속에 그녀에 대한 끌림은 있었지만, 아직 나는 학생 신분인 데다 나이 차이도 많아 그만 단념하기로 했다.

이상한 프러포즈

어느 날 편집팀 소속 어느 형제의 결혼식에 참석했다가, 우연히 그녀와 가는 길이 같아 길을 걸으며 대화할 기회가 생겼다. 이미 내 마음을 비웠기에 담담하게 교회 누나 대하듯 편하게 이야기를 주고받다가, 그녀가 마음속 고민을 털어놓았다. 집에 들어가기가 부담이라며 말끝을 흐렸다.

자세히 들어보니 시집 안 간다고 부모님이 하도 성화를 부리셔서 할 수 없이 마음에도 없는 맞선을 보아야 하는데 부담이 크다는 것이다. 명문대 대학원에서 학위를 받은 조경 전문가에 얼굴도 아리따운데 서른이 넘도록 결혼할 생각조차 안 하고 있으니, 그녀의 부모님은 스펙 좋은 사람을 소개받아 강제로라도 맞선을 보일 작정이었다. 성품이 온순한 자매는 계속해서 부모를 거역할 수도 없고 그렇다고 신앙도 없는 불신자와 결혼할 수도 없어 고민하고 있었다.

해맑은 얼굴에 수심이 깃드는 것을 보니 안됐다는 생각이 들기는 했지만, 그것이 나에 대한 일종의 프러포즈라는 것은 알아채지 못했다. 그래서 도와주려는 마음에 교회에서 나이도 비슷하고 믿음도 좋아 보이는 노총각을 연결해 주려는 기특한(?) 발상을 하여, 주제넘게 소개팅을 주선해 보려다 단단히 찍히고 말았다. 나와 결혼 후에도 아내는 그때 나의 센스없는 행동에 대해 따지곤 했다.

여자의 마음을 헤아리기란 어렵다는 사실을 깨우치게 되었다. 그냥 "내가 당신을 좋아하니 나이 차이, 직업 유무를 떠나 나와 결혼해 주세요." 이렇게 나왔다면 좋았을 것을.

불편한 진실과의 만남

그 일 후 한동안 서로 서먹서먹한 사이가 되었고 그녀에 관한 관심도 시들해졌다. 나는 대학 졸업 후 국내 유명 자산운용회사의 국제부 펀드매니저가 되어 정신없이 바쁜 시간을 보내고 있었다.

어느 날 수요예배를 마치고 나오는데 그 자매의 단짝 친구가 내게 잠깐 할 얘기가 있다면서 불러 세우더니 이렇게 물었다.

"사귀는 사람이 없다면 내 친구인 성연숙 자매와 사귀어 보면 어떻겠어요?"

나는 당황스러웠다. 교회 첫 모임에서 첫눈에 들어왔던 천사 같은 누나! 나이 차이로 인연을 접을 뻔했던 그 자매가 불편한 진실처럼 다시 나의 문을 두드리고 있었다. 지하철역으로 내려가다 머릿속이 복잡했는지 그만 발을 헛디뎌 넘어질 뻔했다. 내 마음속을 들킨 것 같이 얼굴이 상기되고 가슴이 두근거렸다.

그 후 몇 주가 지나도록 답을 하지 못하고 있었다. 어느 토요일 오후 국제부에 같이 근무하던 외국인 동료 조앤이 퇴근하면서 음악회 티켓 두 장을 건네주었다. 남자 친구와 같이 가려고 예매했는데 급한 일정이 생겨 못 가게 되었다며, 여자 친구 있으면 같이 가라고 했다.

공연 시간까지 겨우 세 시간밖에 남지 않았는데 누구한테 연락할지 고민되었다. 친한 사이가 아니면 결례가 될 수도 있기 때문이었다. 그때 문득 그 자매가 떠올랐다. 친구를 통해 데이트 요청을 받고도 답을 주지 못해 미안한 마음도 있어서, 전화를 걸어 혹시 시간이 되면 음악회에 같이 가자고 제안했다. 자매의 자존심이 상할까 봐 하나님께서 갑자기 티켓을 보내주셨다고 조크했다.

그녀는 잠시 망설이더니 흔쾌히 시간을 내겠다고 하여 둘 사이에 운명적 만남이 시작되었다. 우리는 6개월 후에 결혼해 부부의 인연을 맺었다. 분명 하나님께서는 그 자매를 나의 배필로 정하시고 이렇게 섭리해 주셨다고 믿는다.

후일 아내와 나는 그때 친구의 만남 주선이 스스로 한 것인지 아니면 아내가 뒤에서 친구에게 부탁했는지를 놓고 서로 양보 없는 기 싸움(?)을 하곤 했다. 아내는 끝까지 자기 모르게 친구가 스스로 나선 것이라는 주장을 굽히지 않았다. 나는 여자의 마지막 자존심으로 받아들이며 져주곤 했다. 아내를 놀리고 장난치던 그때가 너무나 그립다.

결

혼

눈부신 5월의 신부

5월 27일은 우리 부부의 결혼기념일이다. 라일락 향기 가득한 화창한 오월에 아름다운 그녀를 아내로 맞이했다. 세상을 다 얻은 듯 기뻤다. 당시 기준으로는 서른 넘은 노처녀인데 예쁘게 화장하고 새하얀 드레스를 입으니 눈부시게 아름다웠다. 타고난 동안(童顔)인지라 하객들은 신부가 어리고 너무 예쁘다고 난리였다. 졸지에 내가 노총각이 되어 나이 어린 신부와 결혼하는 것처럼 억울한 축하를 받았다.

사실 아내와 나의 나이 차이는 두 살이다. 장인어른께서 초등학교를 일찍 보내려고 한 살 앞당겨 출생 신고를 하셨고 나는 한살 늦게 호적에 올랐기에 실제보다 두 살이나 나이 차이가 더 벌어졌다.

아내는 나와 함께 한 35년 내내 동안의 미모를 간직했다. 불가사의한 일이다. 게다가 나는 앞이마가 넓은 대머리인지라 사람들이 나를 연상으로 보기 십상이었다. 아내의 고교나 대학 동창들 모임에서 찍은 사진을 보면 아내가 눈에 띄게 젊어 보인다. 나는 아내에게 동안의 미모와 아름다운 마음씨, 낯을 가리지 않는 밝은 성격을 주신 하나님께 늘 감사드렸다. 나는 아내가 자랑스러웠고 늘 함께 있어도 싫지 않았기에 우리는 '껌딱지 부부'가 될 수 있었다.

> 사람이 혼자 사는 것이 좋지 아니하니
> 내가 그를 위하여 돕는 배필을 지으리라
> 창세기 2장 18절

사람 인(人)자도 자세히 보면 두 사람이 서로 의지하며 서 있는 모양이다. 남녀가 서로 각자일 때는 바로 설 수 없지만 서로 기대어 의지하면 비로소 완전한 사람으로 설 수 있다는 뜻을 내포한 한자다. 나도 아내를 얻고 난 후 혼자 지낼 때의 불완전함과 불안정에서 벗어나 안정감과 자신감을 찾을 수 있었다.

천사를 품다

서른두 살 새색시인데 사귀어 본 첫 남자와 결혼을 했단다. 주변 얘기를 들어보아도 사실이었다. 미모나 학벌이나 스펙으로 보아 당연히 사귀는 사람이 있으려니 하고 접근하는 사람이 없었다. 또 본인의 이상형이 나타나기까지는 마음 문을 굳게 걸어 잠근 덕분에 나이도 어린 나에게 과분한 기회가 주어진 것이다. 꽤나 도도한 기준을 가진 아내였지만 나를 보고 자기도 첫눈에 반했다고 털어놓았다. 이유를 물어보니 정갈하게 정돈된 사람이라 좋았단다. 제 눈에 안경이라고 해야 할까!

아내는 정말 세상의 때가 묻지 않은 순수한 사람이었다. 어떤 때는 그런 점이 내겐 작은 충격으로 다가오기도 했다. 이를테면 신혼집을 구할 때, 당시 다니던 교회 건물과 나란히 붙어 있는 아파트를 얻자고 했다. 나는 사생활도 중요하니 회사와 교회 다니기 편한 중간지점에 얻자고 설득하여 방배동 양옥집 2층을 전세로 얻었다. 더욱 충격이었던 것은 신혼 시절 잠자리에 들기 전 서로 기도를 하고 마음을 정갈하게 한 후 부부관계를 갖자고 하는 바람에 머리에 쥐가 날 뻔했다. 시간이 지나면서 나의 아내가 너무나 때 묻지 않은 맑은 영혼의 천사라는 사실에 감사했다.

신혼여행, 유람선에서 배운 노래

제주도에서 일주일 신혼여행을 마치고 서울로 올라가려다 너무도 아쉬워, 예정에도 없이 부산행 비행기를 탔다. 해운대 앞바다에서 해녀들이 잡아 온 전복 소라 멍게 해삼으로 즉석 횟감을 맛보는데, 평소에 그렇게 깔끔하게 굴던 아내가 초고추장을 입가에 묻혀가며 넙죽넙죽 받아먹던 망가진 모습이 기억에 선하다.

우리는 유람선을 타고 충무 해금강 흑산도에 이르는 바다 여행을 즐겼다. 구수한 농담으로 우리를 안내하던 선장의 별명이 "좋나! 선장"이었다. 다도해의 절경을 보여줄 때마다 "좋나?" 하고 선창하면 승객들은 "좋다!"라고 화답하곤 했다. 우리의 귀경 날짜를 손꼽아 기다리던 부모님이 우리의 무단이탈에 걱정이 많으셨는지 전화로 안부를 물어오셨다.

특히 기억에 남는 일은 곧 다가올 집들이에서 부를 노래를 엔진소리 요란한 배 후미에서 듀엣으로 연습한 추억이다. 교회 성가대에서 활동한 아내는 노래를 무척 잘했는데 음치에 가까운 나에게 반복해서 노래 연습을 시켰다. '젊은 연인들'이라는 곡을 수십 번 반복해서 듀엣으로 부르는 사이 음치인 내가 득음(得音)하는 기적이 일어났다. 이 노래는 평생 우리 부부의 18번 곡이 되었다.

아내가 이렇게 집요하게 노래 연습을 시킨 이유를 나중에 말해주었다. 교회 편집팀 행사에서 저녁 식사 후 장기 자랑이 있었다. 사회자가 신입회원인 내게 노래 한 곡 하라고 하도 조르길래 대담하게 조영남의 '제비'를 부른 적이 있다. 아내는 이렇게 회상했다.

"목소리는 아름다운데 음정 박자가 엉망이었어요. 차마 듣기가 민망해서 언제 기회가 오면 바로 고쳐주고 싶었다고요."

그 동정심이 발전해 부부가 되었다고 아내가 의기양양할 때면 얼굴이 화끈거리곤 했다.

맞다. 다재다능한 아내는 항상 남편의 모자람, 부족한 부분을 그림자처럼 메꿔 준 천사였다. '은혜'라는 찬송가의 가사 가운데 "나의 나 된 것은 다 하나님의 은혜라"는 구절이 있는데 나는 가끔 가사를 이렇게 바꿔 불러본다.

나의 나 된 것은 또 아내의 은혜라!

둘이 하나되는 광야 훈련

30년을 서로 다른 환경에서 자라온 두 사람이 온전히 하나가 된다는 것은 어려운 일이다. 꿈같던 신혼여행을 마치고 삶의 현장, 그것도 치열한 맞벌이 부부로서의 일상에 복귀해 보니 손발이 안 맞고 다른 점도 많았다.

아내는 성격이 느긋하고 행동이 느렸다. 정리 정돈도 잘 할줄 몰랐다. 나와는 정반대 성향이었다. 나는 육식을 좋아하고 얼큰하고 걸쭉한 탕을 좋아하는데, 아내는 채식과 지중해식 건강 식단을 선호했다. 삼겹살을 거의 먹어보지 않아 낯설어했다. 물도 잘 안 마셨다. 음식물에서 섭취하는 수분이면 충분하다는 이상한 신념을 갖고 있었다.

아내는 전혀 다른 세상에서 온 사람 같았다. 영화도 사색 형 영화를 좋아했다. 데이트 시절 '모스크바는 울지 않는다'라는 영화에 나를 초대했는데, 나는 중간에 지루해서 그만 쿨쿨 자고 말았다. 반면에 나는 '007', '미션 임파서블'과 같은 액션과 스릴이 넘치는 영화를 좋아한다. 일상생활에서 가뜩이나 스트레스가 많아 해소하려고 영화를 보는데 복잡하게 얽히고설킨 영화를 보고 싶지 않아서다.

아내는 정적이고 생각이 많고 결정할 때 많이 망설이는 반면,

나는 동적이고 행동이 빠르고 결정도 빠르다. 아내는 침착하고 온순하며 소극적인데, 나는 다혈질이고 정열적이고 적극적이다. 나는 O형이고 아내는 A형이다. 기질상으로 나는 담즙질에 가깝고 아내는 점액질에 가깝다. 서로 정반대의 성향이 만난 것이다.

처음에는 서로의 다름과 차이를 잘 조율하지 못한 채 상대가 틀렸다고 오해도 했다. 가끔 말다툼도 했다. 하지만 이내 진정된 까닭은 아내의 인내 덕분이었다. 아내는 내가 화를 내면 바로 받아치지 않고 조용히 다 듣고 나서 내가 진정되면 조목조목 반박을 한다. 전혀 화를 내지 않고 따지는데 당할 재간이 없었다. 결국 나중에 사과하는 쪽은 항상 나였다.

우리 부부싸움에서 절대 넘지 않는 마지노선이 있었다. 아무리 화가 나도 한 침대에서 서로 등을 돌리고 잘지언정 각방을 쓰지는 않았다. 둘 다 하나님을 믿는 신앙인이었기에 성경 말씀에 순종한 결과다.

분을 내어도 죄를 짓지 말며 해가 지도록 분을 품지 말고
마귀에게 틈을 주지 말라
에베소서 4장 26~27절

서로 분방하지 말라

다만 기도할 틈을 얻기 위하여 합의상 얼마 동안은 하되

다시 합하라 이는 너희가 절제 못함으로 말미암아

사탄이 너희를 시험하지 못하게 하려 함이라

고린도전서 7장 5절

하나님은 늘 우리를 하나 되게 하시고 화평하게 하신다. 반면 마귀 사탄은 늘 사람 사이에 틈을 벌리고 분쟁을 일으키며 평화를 깨뜨린다. 그 결과 빚어지는 인간의 불행에 환호한다. 그래서 마귀 사탄에게 틈을 주지 않도록 서로 조심해야 한다.

2021년 기준 한국의 이혼율은 40%로 OECD 국가 중 상위권이다. 주된 이혼 사유로는 성격 차이를 꼽는다. 하지만 성격은 서로 다른 것이 정상이다. 정확히 말하면 의사소통 문제가 이혼의 사유라고 보아야 한다. 의사소통이 안 되어 오해와 갈등이 쌓이다 보면 결국 파국을 맞게 된다. 처음부터 나와 찰떡궁합처럼 맞는 사람은 어디에도 없다. 이해하고 양보하고 인내하며 서로 맞춰 가다 보면 천생연분이 되는 것이다.

안타까운 것은 결혼 십 년 이내에 이혼하는 비율이 전체의 37%라는 점이다. 서로의 '다름'과 '차이'를 조화롭게 극복하고 아

름답게 승화시킬 훈련 기간을 견디지 못하고 포기한 결과다. 너무 안타깝다. 하나님께서 인류 최초의 조상인 아담과 하와를 부부로 짝지어 주시며 이렇게 명령하셨다.

이러므로 사람이 그 부모를 떠나서 그 둘이 한 몸이 될지니라
이러한즉 이제 둘이 아니요 한 몸이니
그러므로 하나님이 짝지어 주신 것을 사람이 나누지 못할지니라
마가복음 10장 7~9절

비록 아내의 암 때문에 중간에 안타깝게 이별했지만, 우리 부부는 하나님을 믿는 끈끈한 신앙적 공감대와 확고한 교집합으로 다정한 친구처럼 화목한 껌딱지 부부, 찰떡궁합, 천생연분 소리를 듣는 부부가 되었다. 물론 천사와 같은 아내의 착한 심성 덕분이기도 하다. 아내를 떠나보내고 이렇게 간절히 목 놓아 사랑의 편지를 쓰고 있는 것도 그 때문이다.

사랑하는 여보야!
지상에서 못다 나눈 우리의 사랑, 우리의 인연이
영원까지 이어지도록 함께 기도해요!

딸 그리고 아들, 환상의 포트폴리오

하나님께서 1990년 6월 너무도 예쁜 딸 서현을 주셨고 1992년 아들 재영을 주셨다. 주변에서 '딸, 아들 황금 포트폴리오'라며 축하해 주었다. 자녀를 낳아 기르다 보니 딸은 애교가 많아 예쁘고 아들은 듬직한 기쁨을 주었다. 재롱떨고, 장난하고, 싸우고, 집안에 활기가 넘치고 행복한 시간이었다.

어머님은 손녀 손자를 끔찍이도 사랑하셨다. 우리 부부가 야단을 치면 애들이 할머니 등 뒤로 숨는다. 항상 애들 편에서 역성을 드시니 저러다 버릇 나빠지지 않을까 걱정되었다. 서로 할머니 품을 먼저 차지하려고 치열한 싸움을 벌였다. 맞벌이 부부다 보니 할머니가 유일한 보호자요, 은신처요, 요새였던 셈이다.

나중에 아이들이 유학 갔다가 방학 때 돌아오면 서로 할머니 방에서 자려고 다툰다. 할머니 냄새가 그렇게 좋단다. 결국 가위바위보로 순서를 정한다. 하루는 아들 녀석이 딸에게 살짝 돈을 쥐여 주길래 무슨 일이냐고 물으니, 가위바위보에서 졌는데 할머니하고 잘 수 있는 권리를 누나한테서 돈 주고 사는 거래를 하고 있었다. 이제 겨우 초등학교 3학년짜리가 일종의 옵션거래를 하고 있다니! 웃음이 나왔다. 어머님께서 임종하실 때 손녀 손자가 가장 슬프게 울었다. 낳은 정보다 키운 정이 무섭다.

어머님이 육아를 전담해 주셨는데 혼자서 감당하기에는 도저히 역부족이라 집에 가사도우미가 상주했다. 손자 업고 손녀 손잡고 고단한 시간을 보내시느라 어머님 얼굴에 주름이 많아져 뵐 때마다 죄인이 된 기분이었다. 하루 종일 육아에 시달린 어머님의 짜증도 느꼈다. 퇴근한 아내는 묵묵히 어머님의 짜증과 투정을 다 받아준다. 그러면 어머님은 그지없이 착한 며느리한테 화낸 것이 미안하셨는지 "맞벌이하느라 고생이 많다"고 되레 아내를 위로하셨다.

위기의 순간을 막아낸 어머님의 맨발 투혼

하루는 아내가 우유를 데운다고 한 살짜리 아들을 소파에 앉혀 놓고 자리를 비운 사이 아들이 소파에서 굴러떨어져 어깨뼈가 골절되는 사고를 당했다. 깁스를 했는데도 아이가 하도 개구져서 한 손으로 기어다니며 집안을 휘젓고 다녔다.

뼈가 아물어 깁스를 풀려고 어머님과 장모님이 함께 인근 정형외과에 데리고 가셨다. 어머님이 한꺼번에 둘을 감당할 수 없어, 병원에 갈 때는 종종 인근에 사시는 장모님께서 도움을 주곤 하셨다. 의사가 전기톱으로 깁스를 자르려고 하는데 놀란 아이가 사정없이 울어대며 몸부림을 치는 바람에 대기실 소파에서 손녀를 돌보시던 장모님까지 병실에 들어가 아이를 붙들어야 하는 상황이 되었다.

이렇게 정신이 없는 사이에 병원 소파에서 혼자 놀던 서현이를 어느 허름한 차림의 노숙인이 안고 사라지는 사고가 발생했다. 손자 깁스를 제거한 후 병원 대기실에 나와보니 손녀가 사라지고 없었다. 어머님은 거의 맨발로 병원 밖으로 손녀 찾아 뛰어나오시고 병원에 한바탕 소동이 벌어졌다.

다행히 목격자가 나타나, 웬 이상한 아저씨가 빨간 옷 입은 여자아이를 안고 저쪽 횡단보도 건너는 것을 보았다고 알려주었다. 어머님은 차가 달리는 왕복 8차선 도로에 뛰어들어, 맞은편 버스 정류장에서 버스를 기다리던 남자를 붙잡았다. 조금 있다가 병원의 신고를 받고 달려온 경찰관이 가세하여 남자를 잡았는데, 변명하기를 아이가 하도 귀여워 과자를 사주려고 길을 건너왔다고 하더란다.

하나님의 도우심으로 간신히 서현이를 찾았다. 그 남자는 경찰서에서 조사받고 전과가 없다는 이유로 풀려났다. 아내와 내가 퇴근하고 와보니, 어머님은 넋이 나가셨고 놀란 딸은 울어대고 난리였다. 그렇다, 이제는 한계가 왔다. 아내의 사표를 차일

피일 미루어왔는데, 이제 더는 미룰 수 없다는 생각이 들었다. 그간 일에 바쁘다는 핑계로 신앙생활도 나태해지고, 교회 구역 모임에 나오라는 간절한 초대도 외면하고 살았던 우리 부부의 삶을 되돌아보는 계기도 되었다. 정말 큰일 날 뻔했다는 생각에 정신이 번쩍 들었다. 바로 다음 주부터 구역모임에 나가기 시작했다.

만일 어머님께서 목숨을 아끼지 않고 8차선 대로로 뛰어들지 않았다면, CCTV도 없던 시절인데 한발 앞서 그 남자가 버스를 타고 어디로 사라졌다면, 그래서 사랑스러운 우리 딸 서현이가 유괴되었다면, 우리 가정은 풍비박산이 났을 것이다. 이 모든 사태의 원인은 소파에 어린 아들을 앉혀 놓고 한눈을 판 아내 탓이라며 엄청나게 구박했을 것이고, 아내는 딸을 잃어버린 충격으로 정신과 치료를 받았을 것이다. 우리 결혼은 파경을 맞았을지도 모른다. 눈에 넣어도 안 아픈 딸 남달리 예쁘고 영특한 서현이를 잃었다면, 평생 가슴앓이를 해야 했을 것이다. 손주들을 목숨처럼 아끼시던 어머님은 화병으로 돌아가셨을 것이다. 생각만 해도 아찔하다.

외할머니, 어머니로 이어지는 믿음의 유산

결국 우리 가정을 사탄의 입에서 건져주신 것은 우리 어머님의 간절한 믿음의 기도 때문임을 깨달았다. 외할머님께서 일제시대에 동네에서 유일한 교인이 되어 6킬로나 떨어진 읍내 교회 새벽 예배에 홀로 출석하셨다고 한다. 가로등도 없던 시절인데 여자 혼자 무섭지도 않으셨을까. 종갓집 며느리가 교회 다닌다고 집안에서 따돌림받고, 결국 제사도 차남한테 빼앗겼단다. 외할머님의 믿음을 그대로 이어받은 우리 어머님은 자나 깨나 하나님 아버지 이름을 붙들고 사셨다. 돋보기 쓰고 성경에 밑줄 그어가며 말씀을 그리도 사모하셨다. 손주들을 기도와 사랑으로 지극정성으로 키우셨다.

나의 외할머님, 어머님으로 이어지는 믿음의 계보가 우리 자녀와 가정을 지켜주셨음을 굳게 믿는다. 그래서 더욱 어머님이 소중하고 귀하다. 아내가 동네에서 소문난 효부가 된 것도 어머님의 헌신적인 사랑과 신실한 믿음을 우러러 공경했기 때문이었을 것이다.

엄마가 집에 있는 게 소원이에요

"저 내일 회사에 사표 낼게요."

막상 아내가 어머님께 말씀드리자, 어머님께서 손사래 치며 만류하셨다.

"내가 아들한테 변변한 유산도 못 주었는데, 나는 괜찮으니 힘닿을 때까지 몇 년만 더 다니거라."

어머니는 극구 반대하셨다. 그래서 사표를 써 놓고는 그렇게 몇 년이 더 흘렀다.

어느 해 여름 강원도 모 리조트에 가족 여행을 갔을 때였다. 아이들과 함께 어린이 캠프에 참석했는데 마지막 캠프파이어 시간에 각자 소원을 말하는 시간이 있었다.

"엄마가 집에 있는 것이 소원이에요."

딸 서현이가 말하자 둘째 재영이도 따라 말했다.

"엄마가 회사 안 나가고 우리와 놀아주면 좋겠어요."

지켜보는 내 가슴이 먹먹해졌다.

엄마가 간절히 필요한 시기에, 아무리 할머니가 잘해주셔도 엄마의 빈자리를 대신할 수는 없는 것이다. 그동안 어린 자녀들을 시어머님께 맡기고 출근하는 아내의 마음은 얼마나 불편했을까! 때때로 아이들이 독감으로 고열로 복통으로 아파할 때 눈물을 삼키며 직장으로 무거운 발걸음을 옮겼을 아내의 마음은 또 어땠을까! 가장이자 아빠로서 무거운 죄책감을 느꼈다. 나의 이기심 때문에 아이들과 어머님을 희생시켰다는 자괴감으로 밤잠을 설쳤다.

아내의 퇴사 후 찾아온 나의 전성기

사실 결혼 후 나도 퇴근하면 아내가 반갑게 맞아 주고 아내 손으로 보글보글 끓여주는 된장찌개를 맛보고 싶은 소원이 간절했다. 아침에 서로 전쟁하듯 나가고 저녁에 앞서거니 뒤서거니 퇴근하는 전쟁을 치르다 보니, 아내의 빈 자리가 늘 허전하게 다가오곤 했다.

우리 부부는 여행에서 돌아오는 길에 손가락 걸고 아내가 사표를 내기로 다짐했다. 아내의 직장은 튼튼한 공기업에 근속연수가 오래되어 보수며 수당이 상당했다. 대학교 3학년 때 졸업반 선배 따라가서 얼떨결에 입사 시험을 보았는데, 그 선배는 떨어지고 아내가 합격하는 이변이 생긴 것이다. 덕분에 아내는 대학 4학년을 취업 준비가 아니라 대학원 시험 준비에 할애할 여유가 생겨 졸업과 동시에 대학원에 진학하는 행운도 얻었다. 안정된 회사에서 일하면서 대학원도 마치고 조경 전문가로 경력도 쌓여있던 차에 이런 직장을 포기하기란 쉽지 않았다. 하지만 아내는 아이들과 나를 위해 결단을 했다.

아내가 사표를 내고 나니 수입은 반으로 줄어들었지만, 우선 내 마음에 큰 평안이 찾아왔다. 아내가 집에 있다고 생각하니 일도 신나게 할 수 있었다. 그래서인지 아내가 사표를 낸 후 나의 펀드운용실적이 놀랍도록 좋아져 승승장구했다. 영국의 마이크로팔(Micropal) 펀드평가사에서 수여하는 '최우수 펀드 상'을 수상했고, 3년 뒤에는 미국의 펀드평가사가 집계하는 전 세계 역외 펀드 가운데 내가 운용하는 펀드가 상위 1, 2, 3위를 휩쓸었다.

나는 기존에 받던 연봉의 무려 다섯 배를 받고 신설 자산운용사의 운용본부장(상무)으로 스카우트 되었다. 새벽 6시에 출근해 밤 12시 퇴근하는 일 중독자로, 입에서 단내가 나도록 노력한 보상이었다. 당시 내가 운용하던 펀드 규모만 2조 원이 넘었다. 주식시장의 큰손 중의 큰손이자 황금손이 되었다.

40대 초반에 자산운용업계 최고 연봉에, 92평에 달하는 여의도 최고급 주상복합 아파트를 사택으로 제공받고, 기사와 비서를 두는 귀한 몸이 되었다. 이웃이 모두 쟁쟁한 유지들이었다. 기업 회장, 체육계 거물, 유명 탤런트들이 살고 있는 아파트였다. 불과 한 달 전까지 일산에서 35평대 아파트에 살던 우리 가족에게 신데렐라 같은 삶이 펼쳐졌다.

그간 언론에 나온 나에 관한 기사를 아내가 모아두었는데 스크랩북으로 세 권은 족히 되었다. 명절 때면 수십 군데에서 선물 꾸러미가 쇄도했다. 아파트 경비원이 어머님께 "아들이 혹시 장관님이세요?"라고 묻더란다. 어머님은 고생 끝에 성공한 아들 자랑에 여념이 없으셨다. 이웃들 보기에는 아이들도 아직 어리고 나이도 젊은데 대단한 금수저라고 오해했다고 한다. 신문 방송에 자주 나오는 나의 얼굴을 보고서야 오해가 풀렸단다.

남편의 영광은 아내의 면류관이다. 본인이 퇴사하고 전업주부가 된 지 몇 년 만에 남편이 승승장구하니 보람이 컸을 것이다. 자타가 공인하는 황금손 펀드매니저로 이름을 날리던 남편이 자랑스러웠으리라. 너무도 일찍 찾아온 출세였다. 어머님의 간절한 기도를 통해 위기를 기회로 바꾸어 주신 하나님의 손길에 감사드렸다.

잊지 못할 여행

나는 투자신탁 국제부 펀드매니저로 12년을 근무한 까닭에 빈번하게 해외를 드나들었다. 가사와 육아에 지치신 어머님, 직장 일에 시달리는 아내에게는 늘 미안한 마음이었다. 또 아이들이 어릴 때 견문을 넓혀주는 것이 중요하다고 생각해서, 우리 가족은 해외여행을 제법 많이 다녔다. 어머님이 인공관절 수술을 하신 후에는 더 이상 장거리 여행이 어려워 우리 부부와 자녀들만 여행을 다녔다.

지나고 보니 아이들이 어릴 때 해외여행을 자주 한 것이 정말 잘한 결정이었다. 마치 초등학교, 중학교 때 미국 유학을 떠나 평생 이산가족이 될 것을 미리 알고 한 것처럼, 아이들이 어릴 때 20여 개 국가를 여행하여 자녀들의 시야를 넓혀준 것은 참 잘한 일이라고 생각한다.

이밖에 교회 교우들과 함께 다닌 이스라엘, 그리스 키프로스 성지순례도 은혜 넘치는 잊지 못할 추억이다. 아내와 아쉬운 35년 동행을 미리 알기나 한 것처럼 자주 여행을 다닌 것에 대해 감사하게 생각한다. 그 가운데 가장 기억에 남는 이색적인 여행은 모나코 헤지펀드 총회 참석을 겸한 여행이었다.

모나코 헤지펀드 총회

2000년 모나코 세계 헤지펀드 총회 때였다. 대회를 주최하는 위원회에 나의 절친인 유태인 로버트 버키 아이작슨(Robert Bucky Isaacson)이 포함되었다. 나는 버키의 초청으로 업계 지인 몇 분과 모나코를 방문하였는데, 그의 배려로 초청자 명단에 아내가 포함되었다. 난생처음 이런 모임에 참석하는 아내는 몹시 설레었는지 흥분하고 있었다.

우리 일행은 프랑스 남부 휴양지 생트로페(Saint Tropez)로 먼저 가서 며칠을 묵은 후 헬리콥터를 타고 지중해를 건너 모나코에 도착했다. 전 세계에서 몰려든 헤지펀드계 거물들이 타고 온 요트며, 자가용 비행기, 최고급 스포츠카로 모나코가 붐볐다. 버키의 주선으로 나는 한국을 대표해 한국 운용업계의 현실과 펀드 산업의 기회에 관해 짧은 연설을 했다. 객석에서 지켜보던 아내가 특유의 환한 미소로 엄지척하며 응원하고 있었다.

우리 일행은 모나코 총회를 마치고 차량으로 F1 경주가 자주 열리는 모나코 해안 도로를 질주했다. 이어 산악 도로를 타고 이탈리아 밀라노를 거쳐 호반의 도시 스위스 루가노(Lugano)로 향했다. 홍일점인 아내는 이물감 없이 누구와도 편하게 잘 어울렸다.

영어가 서툴러도 결코 주눅 들거나 당황하는 기색 없이 여유만만한 것이 아내의 장점이다. 아내를 이렇게 밝게 키워주신 장인어른, 장모님께 감사드린다.

버키가 자주 묵는 루가노 호반의 호텔은 환상적으로 아름다웠다. 사방이 높은 산에 둘러싸인 루가노 호수는 만년설이 녹아 흐르든 담수호인데 어찌나 경관이 아름다운지 한 폭의 그림 같았다. 루가노는 스위스와 이탈리아의 국경에 걸쳐있어서 예전부터 금융업이 발달했다. 100여 개의 금융기관이 자리 잡고 있어 취리히, 제네바에 이어 세 번째로 큰 금융중심지다. 한때 이탈리아 마피아 자금이 국경을 넘어 이곳에서 세탁된 후 취리히, 제네바로 넘어가는 가교역할을 했다고 한다. 골목을 따라 유서 깊은 건물들이 아름답게 보존되어 있고 호반을 내려다보는 곳에는 아름다운 성당과 박물관이 고풍스럽게 자리 잡고 있었다. 헤르만 헤세가 노년을 이곳에서 보내며 작품활동을 하기도 했다.

루가노 호수가 내려다보이는 아름다운 레스토랑에서 은은한 피아노 선율이 흐르는 가운데 즐긴 디너는 평생 잊을 수 없는 추억이 되었다. 약 2주간 여행을 함께하며 버키가 연결한 각계각층의 유대인 부호들과 어울려 교제하며 프랑스 요리, 이태리 요리, 스위스 요리와 문화를 골고루 만끽한 평생 잊을 수 없는 초호화 여행이었다.

나의 유대인 친구 버키는 나보다 15년 연상이다. 그럼에도 나를 만나면 '좋은 친구(Good Buddy)'라며 먼저 포옹으로 반갑게 맞아 주었다. 러시아 계통의 유대인 2세인데 나치 독일의 아우슈비츠 수용소로 향하던 열차에서 버키의 부친이 어린 아들을 품에 안고 뛰어내려 간신히 목숨을 건졌다. 그 후 미국으로 밀항해 정착했다. 어려서부터 워낙 천성이 착하고 사교성이 좋아 유대인 재벌들의 금고지기를 하면서 재력을 쌓은 입지전적 인물이다.

우리 부부는 버키의 초청으로 샌프란시스코 우드사이드에 있는 그의 저택에서 며칠 머물기도 했다. 그의 주변에는 언제나 사람들로 문전성시를 이루고 있었다. 나는 그의 성공 비결이 무엇인지 유심히 살펴보았다. 그는 언제나 조건 없이 먼저 베푸는 사람이다. 때론 바보스러울 정도로 남들에게 먼저 베푼다. 어떤 계산을 하며 하는 것도 아니었다. 그의 호의에 감동한 사람들은 버키에게 "What can I do for you?" 즉 "어떻게 도와드릴까요?"를 먼저 물어온다. 비록 기독교인은 아니지만 성경적 원리를 철저히 실천하여 성공한 사람이다.

주라 그리하면 너희에게 줄 것이니
곧 후히 되어 누르고 흔들어 넘치도록 하여 너희에게 안겨주리라

너희가 헤아리는 그 헤아림으로

너희도 헤아림을 도로 받을 것이니라

누가복음 6장 38절

마음씨 좋은 유대인 친구 덕에 아내도 덩달아 최고의 호사를 누렸다. 아내도 평생 기억에 남는 이색적인 여행이었노라고 감사해하곤 했다. 지금은 70대 후반이 된 버키가 통풍을 앓고 있다고 한다. 하나님의 긍휼과 자비가 함께 하길 기도한다.

롤러코스트의 삶

펀드매니저는 기복이 심한 직업이다. 변동성이 큰 국내외 주식시장에 투자해 항상 좋은 수익을 내기란 불가능하다. 그런 곳에서 20년 이상 밥벌이를 했다는 게 스스로 생각해도 대단하다. 고액의 연봉은 애간장을 녹이는 각고의 노력과 피를 말리는 혈투의 대가다. 나는 성격상 안달복달하지 않고 모험을 즐기는 편이다. 그래서 비교적 험난한 파고를 잘 견디고 장수할 수 있었다. 그러나 하나님께서 예비하신 운명의 파고는 피할 도리가 없었다. 나는 이것을 '섭리(Providence)'라고 부른다.

40대 후반이 되자 승승장구하던 나의 삶에 생각지 못한 위기가 연쇄적으로 찾아왔다. 대부분 평소 믿고 신뢰했던 주변 사람들을 통해서였다. 마치 욥의 환란처럼 동시다발적으로 어려움이 몰려왔다. 승승장구하던 삶에 급제동이 걸리고 "원숭이도 나무에서 떨어진다"는 조롱도 들었다. 승부욕 강하고 자존심 센 성격이라 그때 받은 충격이 컸다. 소화 기능 하나는 자신하던 내가 위염으로 내시경을 받기까지 했다. 옆에서 지켜보는 아내의 심정은 어땠을까! 설상가상으로 어머님마저 침대에서 낙상해 대퇴부 골절로 수술을 받으셨다. 아내는 이중으로 힘들었을 것이다.

나는 여태껏 겪어보지 못한 일련의 사태를 지켜보며 이것은 나의 능력을 벗어난 어떤 큰 힘이 작용하고 있음을 직감했다. 과거 수많은 위기를 정면 돌파하고 역전시켜 영국, 미국에서 최우수 펀드상을 수상하며 명성을 쌓아왔는데, 이번은 달랐다. 꼼짝달싹할 수 없도록 잘 짜인 어떤 각본에 의해 내 운명이 포위된 느낌이 들었다. 그동안 일 중독에 빠지고 성공에 취해, 성경 말씀을 가까이하지 않고 메마른 예배를 드려온 세월이 꽤 오래되었다. 27세에 주님을 영접한 후 뛸 듯이 기뻤고 성경 말씀이 꿀송이처럼 달던 기억은 희미한 추억이 되어 있었다. 간신히 주일 성수만 하는 '썬데이 크리스천', '무늬만 크리스천'으로 변질되어 있었다.

형통한 날에는 기뻐하고 곤고한 날에는 되돌아 보라
이 두 가지를 하나님이 병행하게 하사
사람이 그의 장래 일을 능히 헤아려 알지 못하게 하셨느니라
전도서 7장 14절

성경 말씀처럼 내 지난 과거를 되돌아보았다. 하나님께서 나의 세상적인 성공의 자리에 함께 계시지 않았음을 깨닫고 밤새 눈물로 통곡하다가 새벽녘에 큰 깨우침을 얻게 되었다. 얍복 나루터에서 천사와 씨름하다가 환도 뼈를 얻어맞고 주저앉은 야곱의 이야기가 내 이야기로 다가왔다. 예수님을 만나 구원받은 이후 마땅히 그분이 나의 환도 뼈가 되어야 함에도, 나의 알량한 능력, 명성, 재물, 아집이 나를 지탱하는 환도 뼈가 되어 있었다. 하나님께서 나의 환도 뼈를 치심으로 비록 다리를 절게 되었지만 내 신앙에 찬란한 새벽이 찾아왔다. 야곱이 다리를 절며 브니엘을 지날 때 해가 돋았던 것처럼, 내 삶에도 눈부신 광채가 다시 비추기 시작했다.

그날 이후 '때를 얻든지 못 얻든지 복음을 전하고 살겠다'는

서원을 했다. 테헤란로에 조그만 사무실을 구해 컨설팅 회사 겸 평신도 전도사역을 위한 공간을 마련하고 12년째 아내와 함께 동역해 왔다. 하나님께서 때를 따라 도우시는 손길로 내 사업장에 은혜를 부어주셔서, 큰 부족함 없이 전도 책자를 통한 국내외 문서선교, 강연 선교, 각종 선교 후원을 감당해 오고 있다. 나의 신앙 간증을 담은 전도 책자를 영어 중국어 베트남어 인도네시아어 일본어로 번역해 국내외 전도 대상자들에게 만 부 이상 나누어 주었다.

무엇보다 아내와 24시간 함께 하며 사업과 전도를 하던 시간이 행복하고 감사했다. 우리 부부를 통해 하나님을 만나 구원받은 분들은 각계각층에 다양하다. 전직 장관부터 군 장성, 교수, 경제학자, 기업인, 의사, 길거리 과일 행상, 교도소 재소자, 조직폭력배, 골프장 게스트, 아파트 이웃에 이르기까지 일일이 열거할 수 없을 정도다. 하나님께서 이 부족한 평신도를 변화시켜 주시고 성령으로 기름 부어주셨기에 가능한 일이었다. 또한 바늘과 실처럼 나와 동행하며 기도해 주고 격려해 준, 지금은 고인이 된 아내의 헌신적인 동역이 있었기에 가능했다.

펀드매니저로 전성기를 구가할 때보다 비록 경제적으로나 물

질적으로는 훨씬 못했지만, 우리 부부는 그때와 질적으로 차원이 다른 영적 포만감과 행복을 누려왔다. 한 몸처럼 돕던 아내를 하나님께서 먼저 데려가셨지만, 분명 여기에도 하나님의 또 다른 어떤 섭리와 계획이 계심을 믿어 의심치 않는다.

　남편으로서 가슴 아픈 것은 혹시 기복이 컸던 내 삶의 여정으로 아내가 마음고생을 많이 해 췌장암에 걸리지 않았나 하는 자책감을 지울 수 없다. 물론 다른 여러 가지 요인으로 아내가 암에 걸렸겠지만 내게는 평생 내려놓지 못할 자격지심이 아닐 수 없다. 그래서 아내의 죽음이 더 가슴 아프다. 시어머니와 친정 부모에 대한 효심이 지극했고 남편과 자녀에 대한 사랑이 남달랐고 전도에 대한 열정이 뜨거웠기에 너무도 안타깝다.

　주여! 아내를 긍휼히 여기시고 그녀의 영혼을 축복해 주소서.
　남편이 이 땅에서 베풀지 못한 몫의 행복과 기쁨을,
　질적으로 차원이 다른 은혜와 안식을 누리도록 축복하소서!

아주 특별한 고부간의 사랑

나는 5남매 중 차남으로 태어났다. 둘째 며느리임에도 아내는 시어머니를 30년 이상 정성 다해 모셨고 어머님은 여러 지병이 있었지만 92세까지 천수를 누리시다 소천하셨다. 나는 어머님과 아내가 언성을 높여 다투는 모습을 본 적이 없다. 고부간에 너무도 사이가 좋은 까닭인지 어디 가면 친정엄마와 딸 사이로 착각하는 경우가 많았다. 믿음 좋으신 어머님이지만 성격이 직선적이라 쉽지만은 않았을 텐데, 아내는 마치 물처럼 어머님의 그릇에 맞추어 담기는 심성의 소유자였다.

평생 류머티즘을 앓으신 어머님을 아내는 지극정성으로 병원에 모시고 다녔다. 임종 직전 동네 요양원에 3년간 계셨을 때는 매일 아침 출근길에 들러 휴미라 주사약을 어머님께 주사하고 출근하는 바람에 요양원에서도 효부로 소문이 났다. 그래서 어머님 유골을 모신 안성 유토피아 추모원 어머님 바로 옆 칸에 아내의 유골을 안치했다. 평소 그렇게 사이가 좋았던 시어머님 옆에서 영원한 안식을 누리길 기도한다.

흔히들 고부간의 갈등으로 힘들어하는 경우를 자주 본다. 이혼으로 이어지는 경우도 종종 있다. 어머님은 우리 부부가 어쩌다 말다툼하면 언제나 며느리 편을 드셨다. 어머님과 아내 사이가 좋았던 이유를 유추해 보면 첫째가 아내의 착한 심성이고, 둘째가 기독교 신앙의 공감대, 셋째가 어머님의 헌신에 대한 깊은 감사의 마음이 자리 잡고 있다.

　내가 봐도 아내는 억지가 아닌 맘속에서 우러나오는 효도를 했다. 류머티즘에 무릎 수술에 대퇴부 골절 등으로 병원 신세를 많이 지신 어머님을 얼굴 한번 찌푸리지 않고 천사 같은 미소로 돌봐 드렸다. 그 덕분에 어머님께서 천수를 누리실 수 있었다. 천국에서도 고부간에 아름다운 사랑의 교제가 이어지고 있으리라 믿는다.

자
녀

───

유별난 태교

미국 시카고에 사는 딸이 매일 아침 7시면 페이스톡으로 문안 인사를 한다. 엄마를 보내고 아빠 혼자 쓸쓸해 할 것 같아서인지 20개월 된 손주 다니엘의 재롱으로 매일 아침을 깨운다. 아내가 췌장암 진단을 받은 후 거의 하루도 거르지 않고 이렇게 아침 인사를 하는 딸의 효심이 기특하다.

어린 손주는 그림책을 아주 좋아한다. 특히 어린이 성경, 그림 성경 이야기를 좋아해서 딸이 아역 성우 목소리를 내며 읽어 주는데, 그 모습이 너무 예쁘고 대견하다. 불과 20개월짜리가 그림 성경 책장을 넘겨 가며 중얼중얼 엄마에게서 들은 스토리를 흉내 낸다. 마지막 책장을 덮으며 '아멘' 하는데 놀랍고 신기할 뿐이다.

문득 시간을 거슬러 아내의 독특한 태교 육아 방식이 떠오른다. 아내가 임신한 상태에서 나는 뉴욕의 월스트리트로 연수를 떠났다. 미국 시간으로 밤 9시면 어김없이 아내가 플러싱 하숙집으로 전화해서, 뱃속 아이한테 아빠가 인사를 하고 대화를 나누라고 했다. 하숙집 부부와 연수생 동료들이 다 듣고 있는데 뱃속 태아한테 큰 소리로 대화하는 것이 처음엔 무척 쑥스러웠다.

그 아이가 지금의 딸 서현(그레이스)이다. 아내는 좀처럼 꿈을 꾸지 않는 사람이라 사실 아내의 태몽도 내가 대신 꾸었다. 너무도 총명하고 착한 여자애가 내 품에 안겨 환하게 웃는 꿈을 꾸었기에 출생도 하기 전에 아이 이름을 서현(瑞現)이라고 지어놓고 연수를 떠났다. 만일 아들이라면 이름도 바꾸어야 할 판인데 감사하게도 꿈에 본대로 딸아이를 주셨다.

태아는 천재다

당시 아내는 태교의 세계적인 권위자 '지스코 스세딕' 여사의 태교 방법을 다룬 책 '태아는 천재다'에 심취해 있었다. 뱃속 태아는 "엄마의 정신세계, 심리상태, 행동 방식에 직접적인 영향을 받으며 자란다"는 이론의 창시자로, 네 딸을 모두 영재로 키워낸

경험을 담은 책이다. 아내는 연수를 떠나는 내 가방에 이 책을 넣어주며 꼭 읽어보라고 신신당부했다.

스세딕 여사는 일본의 한 전문대학에서 영어를 전공한 후 영어회화 교사로 일하다 미국으로 이민을 떠나 평범한 전기수리공인 남편 조셉 스세딕과 결혼해 네 딸을 낳았다. 이 평범한 가정이 세상의 주목을 받게 된 것은 딸 넷이 모두 IQ 160 이상의 영재였고 10대 중반의 나이에 미국의 명문 아이비리그에 조기입학하면서부터였다.

언론과 교육계 관계자들이 이 부부의 IQ와 양쪽 가문에 특출한 인재가 있는지 조사해 보았는데 너무도 평범한 가정 그 자체였다. 어떻게 이런 이변이 일어났는가를 파악해 보니 엄마인 스세딕 여사의 아주 독특한 태교 방식에 그 비밀이 숨어 있었다. 이른바 '자궁 대화(Womb Dialogue)'로 알려진 태교 방법이다.

뱃속 태아는 엄마와 연결된 탯줄을 통해 각종 영양분을 공급받으며 자란다. 동시에 엄마의 정신세계, 심리상태, 행동 방식을 통해 아이의 두뇌와 정신도 함께 형성, 발달 되어 간다. 그래서 산모의 정신적, 육체적 건강 상태가 태아에게 지대한 영향을 미치는 것이다.

바로 이 점에 착안해 스세딕 여사는 네 딸을 임신하고 출산하는 과정에서 태아와의 자궁 대화를 통해 다섯 가지 감각기관(눈, 코, 귀, 혀, 피부)을 일깨워 주었다. 아름다운 꽃을 보면 그 형형색색의 색깔(시각)에 대해, 꽃에 코를 갖다 대면서는 그 향기로운 냄새(후각)에 대해, 시냇가에서는 물소리와 새소리(청각)에 대해, 음식을 먹으면서는 맛(미각)에 대해, 다양한 사물을 만질 때는 피부에 와닿는 느낌(촉각)에 대해 자궁 속의 태아와 중얼중얼 대화하며 공감을 일깨워 주었다.

아빠의 원거리 태교

나는 뉴욕행 비행기 안에서 이 책을 읽고 감탄했다. 하나님께서 사람을 창조하신 창조의 비밀이 이 책에 모두 담겨있었기 때문이다.

생명을 잉태하고 출산하는 것은 참으로 신비한 하나님의 작품 세계다. 그분이 우리 모두를 어머니 자궁(모태)에서 지으시고 자라게 하시고 이 땅에 태어나게 하셨다. 전 세계 81억 인구 가운데 손금과 지문이 같은 사람이 하나도 없고 DNA가 모두 다르며 정신세계와 가치관과 성격도 다 다르게 창조하셨다. 참으로 놀라운 하나님의 솜씨가 아닌가! 어머니의 자궁과도 같은 에덴동

산에서 인류의 처음 조상인 아담과 하와를 창조하실 때, 하나님은 마치 태교하시듯 하나님의 신성(성품)과 능력을 정성스레 인간의 DNA에 불어 넣어주시고 만물의 영장으로 태어나게 하셨다.

주께서 내 내장을 지으시며 나의 모태에서 나를 만드셨나이다
내가 주께 감사하옴은 나를 지으심이 심히 기묘하심이라
주께서 하시는 일이 기이함을 내 영혼이 잘 아나이다
시편 139편 13~14절

아내는 임신 기간 내내 뱃속 아기에게 책을 읽어주고 동화 성경 들려주고 중얼중얼 대화하며 스세딕 태교를 실천했다. 나도 덩달아 연수 기간 내내 뱃속 딸아이에게 하루를 거르지 않고 전화 통화를 하고 딸에게 우편엽서를 써서 보내고 시간 날 때면 토이저러스(Toysrus)에 들러 장난감, 유모차, 요람, 모빌, 영어 그림책을 사 모았다. 연수를 마치고 돌아갈 때 짐이 너무 많아 비행기에 실을 수 없어 배편으로 보내야 할 정도로 유난을 떨었다. 나중에 보니 전화 요금만 당시 돈으로 150만 원 넘게 나왔다.

우리 부부의 정성에 딸 서현이는 어려서부터 남달리 영특하고 성격이 너그러우며 상상력과 창의성이 풍부했다. 유치원 입학 전에 한글을 다 익혔고 여섯 살 나이에 본인이 그린 그림에 이야

기를 덧붙여 만화 동화책을 만들기도 했다. 언어 구사력도 또래 아이들에 비해 뛰어나 아내 친구들이 집에 놀러 왔다 깜짝 놀라기도 했다. 특히나 책을 좋아해서 늘 책을 들고 살았다.

태교의 열매

서현이는 중학교 1학년에 미국 펜실베니아로 유학을 떠나 중고등학교를 우수한 성적으로 졸업했다. 고등학교 시절에는 펜실베니아 주 정부가 운영하는 영재학교(Governors' School)에 합격했고, 유엔 산하기관인 유엔환경계획(UNEP) 총회에 한국 대표로 참석하여 난지도(서울 하늘공원)의 생태학적 개발 사례를 발표해 언론에 보도되기도 했다.

미국 시카고 대학교에서 공공정책을 전공하고 위스콘신 메디슨 대학원에서 대기 환경에 관한 학위를 받은 다음 현재는 미국 에너지 기업 전문 연구원으로 일하고 있다. 어려서부터 신앙심이 두텁고 성품이 너그러워 친구가 많았다. 믿음 좋은 교민 3세이자 미국 회계사, 부동산 투자회사 재무담당이사(CFO)인 사위 폴 김과 결혼해 손주 다니엘을 낳아 기쁨을 더해 주고 있다.

딸은 내가 쓴 전도 책자 『놀라운 사랑 한량없는 은혜』를 영어로 번역한 선교의 동역자이기도 하다. 엄마에게서 전수받은 스세딕의 태교법을 실천에 옮겨 손주 다니엘을 출산했는데, 벌써부터 손자가 무척 영특하다. 아내가 스세딕 여사의 책을 통해 유난스러운 태교를 한 것도 하나님의 크신 은혜가 아닐 수 없다. 당시에는 유난스러웠지만 지혜로운 아내에게 감사한다. 아무쪼록 우리 손주 다니엘이 하나님의 말씀과 지혜로 양육 받아 그의 키가 자라듯 영적으로도 성장하여 하나님과 사람 앞에 은총과 귀중히 여김을 받는 인물이 되길 기도한다.

위대한 탈출, 유학

아내의 교육열은 대단했다. 직장을 그만두고 전업주부가 되면서 집사람은 주로 자녀 교육에 매달렸다. 초등학교 때부터 집으로 과목별 과외 교사를 불러들였다. 거기에 피아노에 수영, 태권도까지 교습시키니 아이들이 힘들어했다.

하루는 수학 선생님이 왔는데 우리 딸 서현이가 어디로 가버려 선생님이 그냥 돌아가야 했다. 나중에 보니 서현이가 수학 공부가 싫어서 할머니 방 침대 뒤에 숨어 펄벅의 『대지』, 샬럿 브론

테의 『제인 에어』 등 평소 읽고 싶었던 책을 실컷 읽었다고 한다. 엄마의 과도한 교육열에 반기를 들고 제가 하고 싶은 독서를 즐긴 것이다. 성격 좋고 총명했던 딸아이는 자유로운 영혼의 소유자였던 셈이다. 딸의 뜻밖의 저항으로, 아내는 주입식 교육에 문제가 있다는 것을 깨닫게 되었다. 딸과 아들을 묶어 미국에 조기유학을 보낸 것도 이런 이유 때문이었다.

이날 딸아이가 할머니 방에 숨어 자신의 자유를 만끽한 이야기가 후일 딸의 시카고대학 입학시험에서 논술 제목 '위대한 탈출(The Great Escape)'의 배경이 되었다. 적성과 창의력을 무시한 일방적이고 획일적인 한국의 주입식 입시교육에 반기를 들고 펄벅의 『대지』를 읽으며 넓은 세계에 대한 동경과 창의력을 꿈꾸었다는 논술은 내가 봐도 대단히 독창적이었다.

세계적인 재벌 록펠러가 세운 시카고대학은 미국의 상위 5위권에 드는 대학으로 노벨상 수상자만 100명 이상 배출한 명문 중의 명문대학이다. 고등학교 성적은 물론 SAT 성적 최상위권인 학생들이 몰리는데, 단지 공부만 잘하는 학생이 아니라 창의적이고 독창적인 능력을 지닌 아이들을 골라 뽑기 위해 논술 시험을 치른다. 불과 초등학교 2학년 어린 나이에 『제인 에어』, 펄벅의 『대지』를 읽고 '위대한 탈출'을 꿈꾸었던 우리 딸 서현이를 시카고대학에서 놓칠 리 만무했다. 태권도 유단자에, 유엔환경계획(UNEP) 한국 대표, 펜실베니아주 영재학교 출신이라는 화려한 스펙도 충분히 고려했을 것이다.

딸 서현이는 우리 부부의 장점만 고스란히 빼닮았다. 마음이 너그럽고 평화로우며 여유만만하고 마치 생고무처럼 생기 있고 창의력 넘치며 유머와 재치 발랄한 영혼의 소유자다. 인내심과 책임감, 남에 대한 배려심도 깊다. 어릴 때부터 할머니가 무릎에 앉혀 놓고 기도로 키운 덕에 하나님을 일찍 만나 믿음이 신실하다. 무엇보다 아내가 스세딕 태교법으로 정성을 다해 자궁 대화로 키운 딸이라 그런지 여러 면에서 남달랐다. 성격도 원만하고 밝아 누구하고도 잘 어울렸다.

아내를 많이 닮은 딸 그레이스가 매일 아침 손주 다니엘을 앞세워 카톡 영상으로 문안 인사를 하여 아빠의 외로움을 달래주고 있다. 신앙심과 효심이 깊은 딸이다. 앞으로 나의 딸 그레이스와 사위 폴, 손주 다니엘을 통해 대대손손 믿음의 명문가를 이어가길 간절히 기도한다.

외모가 아닌 중심을 보는 안목

그레이스는 표정이 밝고 예쁘다. 사진을 찍으면 언제나 포토제닉이다. 그만큼 사진발이 잘 받는다. 그런 점에서 아내를 꼭 빼닮았다. 명문대 학생에 신앙심 깊고 성격과 외모가 두드러지니 주변에 관심을 가지는 청년들이 많았다. 딸은 어려서부터 우리 부부와 막힘없이 속에 있는 대화를 나눠 왔는데 점차 남자 친구들 이야기가 많이 나오는 걸 보니 이제 머지않아 결혼할 시기가 다가옴을 느꼈다. 우리 부부는 딸의 신앙과 인성을 믿기에 모든 것을 딸에게 맡겼다. 다만 어떤 선택을 하기 전에 반드시 하나님께 기도하고 하나님께서 기뻐하실 그런 선택을 하라는 조언을 해주었다.

딸은 대학을 졸업하고 위스콘신 메디슨 대학원에 진학하게 되어 시카고를 떠났다. 자연히 시카고 채플에서 연결되던 친구들과 떨어져 지내게 되었다. 그러던 어느 날 딸에게 전화가 왔다. 기독교 동아리 대화방에 올라온 어느 청년의 신앙 간증을 읽고 은혜를 많이 받아 댓글을 달았는데 답이 왔다며, 그가 위스콘신으로 한 번 찾아오겠다고 해서 만나 보기로 했다는 것이다. 미국 회계사로 시카고 부동산 투자회사의 재무회계 담당 임원이고 나이는 딸보다 4살이 위라고 했다.

우리는 딸의 반응을 기다리고 있었는데 연락이 왔다. 신앙심은 깊고 마음이 너그러운 사람 같은데 외모가 좀 그렇다며 선뜻 마음이 내키지 않는 분위기였다. 외모에 그다지 신경을 안 쓰고 사는 타입인 것 같았다. 그래서 내가 물었다. 외모 말고 만나는 동안 신앙적으로, 영적으로 대화가 잘 되더냐고 했더니 그 부분에서는 너무 대화가 잘 되고 유익했다고 했다. 그래서 나는 성경 말씀을 인용하며 사람의 외모는 세월이 지나면 바뀌지만 그 영혼의 상태는 영원과 연결되는 것이니 다시 생각해 보라고 조언해 주었다.

> 사람은 외모를 보거니와
> 나 여호와는 중심을 보느니라
> 사무엘상 16장 7절

내 조언이 먹혔는지 그 뒤에도 서로 메일과 문자로 교제를 이어가 보더니 사람이 착하고 겸손하고 능력 있는 진국이라고 했다. 안정된 일터에 인정받는 직업을 가지고 있으면서도 외모에 신경을 쓰지 않아 짝을 못 구하고 있었다. 시카고 교민 3세로 큰아버지가 시카고 교민회장을 역임했고 시카고 인근에 친인척만

70여 명에 달하는 집성촌을 이루는 집안의 자제였다.

사위는 딸 그레이스를 보고 한눈에 반해 매 주말 두 시간 거리의 위스콘신까지 달려와 2년 가까이 만남을 이어가며 서로에 대한 믿음과 사랑을 키웠다. 딸과 사위가 대견한 것은 성경의 가르침 대로 결혼할 때까지 혼전 순결을 철저히 지키고 만날 때도 항상 공개된 장소에서만 만나왔다는 점이다. 놀라울 뿐이다. 미국처럼 성문화가 타락한 사회에서 딸과 사위는 성경 말씀에 철저히 순종하며 마치 골동품과 같은 전통적인 사랑의 교제를 이어가다가 아름답게 결혼했다. 결혼 후 사위는 딸의 정성 어린 내조로 인물이 훤해지고 완전히 꽃미남으로 탈바꿈했다. 아내 잘 만나 신수가 훤해졌다는 말을 들을 만도 하다.

거기다 예쁘고 총명한 아들 다니엘마저 얻었으니 깨가 쏟아지는 행복을 누리는 듯하다. 그들의 만남과 결혼, 삶을 하나님께서 기뻐하시고 축복해 주시리라 믿는다. 더욱 영적으로 깨어 이웃과 주변에 빛과 소금이 되고 복음의 통로, 축복의 통로가 되길 간절히 기도한다! 중학교 1학년 때 미국 유학을 떠나보낸 딸을 하나님께서 너무도 예쁘고 바르고 단정하게 키워주셔서 한없는 감사를 올려드린다.

믿음의 5대손, 손주 다니엘을 위한 기도

2022년 12월 시카고의 강추위 속에 우리 손주 다니엘이 태어났다. 딸이 초산인지라 열 시간의 사투 끝에 예정일보다 한 달이나 빠르게 조숙아로 태어났다. 그래서 인큐베이터에서 일주일 정도 지내야 했다. 딸과 사위는 아들을 얻은 기쁨에 행복해했다. 딸의 산후조리를 돕기 위해 아내가 먼저 시카고로 향했고 2주 뒤에 내가 뒤따라갔다.

한국말로 해복간(解服看)이라는 단어가 있다. 산모가 아이를 출산하느라 오장육부가 다 뒤틀어지고 뼈와 관절 마디마디가 다 늘어나는 고통을 겪기 때문에 한두 달 친정엄마가 산후조리를 해주는 것을 말한다.

잘 익은 밤톨같이 똘망똘망한 외손주를 보는 것은 큰 기쁨이었다. 문제는 밤낮이 바뀌어 밤마다 울어대니 그때마다 젖을 물리고 달래고 하느라 밤잠을 설쳐야 했다. 내가 도착해 보니 이미 아내는 번 아웃, 그로기 상태였다. 나를 보더니 마치 구세주 만난 양 내게 바통을 넘기고 잠이 부족했던지 곯아떨어져 잔다. 아기가 밤새 울면 사위가 잠을 설쳐 이튿날 회사 일 하는데 힘들까 봐 나와 아내가 교대로 아이를 안고 잤다. 감사하게도 회사에서 몇 달 동안 사위에게 재택근무를 허용해 줘 그나마 다행이었다.

처음 일 년간은 모유를 먹이겠다는 딸의 의지가 강해, 먹일 젖을 착유기로 몇 시간이고 짜서 냉장고에 보관하는 정성을 들였다. 딸이 일 년 이상 악착같이 모유를 먹이고 온갖 영양 이유식을 만들어 먹여, 대니얼은 불과 일 년 만에 정상 분만한 아이들과 체중이 비슷해졌다. 딸의 집념과 모성애에 경의를 표한다.

나와 아내는 번갈아 손주 돌보고 딸과 사위가 먹을 음식을 준비해야 했다. 닭볶음탕, 소고기뭇국, 미역국, 볶음밥, 샤브샤브, 불고기 전골 등 분주하게 식단을 준비하고 김치 깍두기를 담갔다. 딸과 사위가 엄지척하며 너무도 맛있게 먹는 모습에 뿌듯한 보람을 느꼈다.

참으로 놀라운 것은 손주의 이목구비, 손과 발에 딸과 사위의 모습만 아니라 친할아버지, 친할머니의 모습, 나와 아내의 모습이 모자이크처럼 섞여 있었다. 그렇다, 결혼은 당사자만이 아니라 양쪽 가문 간의 결합인 것이다. 강아지만 한 외손주를 안고 재우고 하면서 절로 기도가 나왔다. 이 아이의 키가 자라듯 지혜가 자라게 하시고 이 아이의 영혼과 성품, 인격이 형성되는 과정에 하나님께서 일일이 개입하셔서 하나님과 사람 앞에 은총과 귀중히 여김을 받는 인물이 되게 해달라고 주문을 외우듯 기도했다.

내가 태어났을 때 믿음이 좋으신 나의 외할머님께서 이렇게 나를 안고 석 달 동안이나 기도하시며 돌보셨다고 한다. 그 믿음이 어머님을 통해 나에게 전해지고 우리 딸을 거쳐 손주 다니엘에게 전해지고 있다는 사실이 감격이고 은혜다. 지금 내가 외손주를 안고 하나님께 올려드리는 기도를, 이미 64년 전에 나의 외할머님도 똑같이 하셨으리라 믿는다. 그 기도 덕분에 이렇게 늦게나마 신앙적으로 철이 들어 평신도 전도사역을 하고 있는 게 아닐까! 외할머님으로부터 어머님을 거쳐 우리 손주 다니엘까지 5대에 이르는 믿음의 계보를 이어가게 하신 하나님께 감사드린다. 우리 가문에 주신 이 믿음의 유산은 감당하기 벅찬 축복이다.

나는 지난해 손주의 돌 기념으로 손주에게 헌정하는 기도문을 액자로 만들어 딸에게 보냈다. 사랑하는 손주 다니엘이 자라면서 외할아버지의 기도문을 마음에 새겨 아름다운 믿음의 사람으로 성장하길 소망한다.

사랑하는 손주 다니엘을 위한 기도

"자식들은 여호와의 기업이요
태의 열매는 그의 상급이로다" (시편 127편 3절)

하나님 아버지!
우리 가정에 이렇듯 사랑스럽고,
건강하며, 총명한 아이를 주셔 감사합니다.

이 아이를 축복하시고
지켜주시고 돌보아주셔서
하나님과 사람 앞에 은총과
귀히 여김 받는 인물이 되게 하소서

이 아이의 육신의 키가 자라듯
그 지혜가 자라게 하시고
주님의 성품을 본받아
축복의 통로로 쓰임 받게 하소서!

아픈 손가락, 아들

아내가 딸 서현이를 낳고 2년 후 아들 재영이를 낳았다. 아내 배속에서부터 어찌나 활동성이 좋은지 아내가 힘들어했다. 아내가 회사에서 기술사 시험 준비하느라 정신이 없을 때라 딸 서현이를 임신했을 때만큼 충분한 태교를 하지 못했다. 아내가 이 점을 늘 안타까워했다. 아들이 얼마나 빨리 나오고 싶었는지 병원에 가는 도중 자칫 차 안에서 출산할 뻔했다.

교회 행사차 지방에 갔다가 아들 출산 소식을 들으니 어찌나 기쁘고 든든한지 자신감으로 걸음걸이가 달라지고 어깨가 쫙 펴지는 느낌이 들었다. 딸은 예쁘고 상냥하고 애교가 많아 기쁨을 주지만 아들은 든든한 기쁨과 자신감을 안겨주었다. 그리고 이상하게도 아들을 낳고 나서부터 내 일도 잘 풀려나갔다. 회사 주택조합을 통해 35평 아파트를 장만했고 진급시험도 합격해서 승진했으며 미국공인선물중개사 자격도 취득했다.

딸은 독서를 좋아하고 감성이 풍부하고 창의력이 넘쳤다. 반면 아들은 장난감에 매료되어 레고 맞추기, 로봇 조립에 시간 가는 줄 몰랐다. 어찌나 조립하고 맞추기를 좋아하는지 손가락이 다 벗겨질 정도였다. 지금도 손재주가 좋아 집안 가전제품이나 컴퓨터가 고장 나면 척척 수리한다.

내가 자산운용사 본부장으로 스카우트되어 여의도로 이사를 오면서 토요일 아침이면 나는 자전거를 타고 아들은 인라인스케이트를 타며 둘이 한강 둔치를 달리던 기억이 새롭다.

"아빠, 조심하세요! 앞에 사람이 있어요!"

뒤에서 쫓아오면서 아빠를 챙기던 아들이 대견하다. 여러 재주는 많은데 책 읽기와 공부에는 관심이 적었다. 과외를 시켜도 집중력이 부족했고 학교에 책가방을 놓고 오고 과제물 안 챙겨 가고 하면서 엄마 맘고생을 시켰다.

누나와는 정반대 성향이었다. 교육열이 강한 아내는 늘 아들의 진로 때문에 고민했다.

"애들은 자라면서 열 번 바뀌니 조급해하지 말아요."

하지만 아내는 나와 생각이 달랐다. 그래서 유학을 생각하기 시작했다.

자녀들을 외국에 보내려고 마음먹었지만 선뜻 용기를 내지 못하고 있을 때였다. 증권업계에서 친하게 알고 지내는 대학교 동문이, 외아들을 캐나다에 유학 보냈는데 공부도 잘하고 적응도 잘해서 대만족이라고 했다. 그 동문의 소개로 캐나다 현지의 유학원 원장과 연결되어 우리 아이들을 캐나다로 보내기로 하였다. 우선 초등학교 3학년인 아들 재영이를 먼저 보내고 일 년 뒤에 두 살 위인 딸 서현이를 캐나다로 보냈다.

당시에는 미국으로 유학 보내기가 하늘의 별 따기만큼이나 어려워서 우선 캐나다에 보내 언어도 익히고 적응훈련도 하게 할 생각이었다. 미국 유학을 위한 일종의 전초 기지로 캐나다를 선택한 것이다. 캐나다는 인구에 비해 국토가 넓고 천연자원이 풍부하고 사회보장이 잘 되어 국민들 삶의 질이 높은 나라다. 하지만 경쟁이 심하지 않다 보니 교육환경도 느슨하고 치열하지 않아 캐나다에서 중고등학교를 마치고 미국 아이비리그에 진학할 확률은 매우 낮았다.

이 문제로 고민하고 있을 때 교회 목사님 소개로 미국 펜실베니아에 거주하는 교수 가정을 소개받았다. 남편은 미국인 컴퓨터 공학 교수이고 부인은 한국인이었다. 딸만 둘인데 명문 사립학교에 다니고 있었다. 교수님 가정의 초청 및 신원 보증으로 서현이와 재영이가 생각지도 못하게 펜실베니아로 유학을 가게 되었고 교수님 가정에서 홈스테이를 하면서 중고등학교를 다녔다. 교수님 집안의 딸 둘이 공부를 잘하는 수재였다. 서현이와 재영이는 언니, 누나와 어울려 지내다 보니 미국 사회에 적응도 빨랐다. 우리 부부도 믿음 좋은 가정에 아이들을 맡기고 나니 마음이 편했다. 마치 한 가족처럼 그 가정에서 우리 아이 둘이 중학교, 고등학교를 다녔다.

2008년 리만 브라더스 사태로 세계 금융위기가 닥치면서 환율이 1,500원 가까이 치솟아 졸지에 아이들 유학비용이 두 배로 뛰었다. 그때 딸아이가 시카고대학에 합격했는데 등록금이 비쌌다. 오른 환율에 대학교 등록금까지 부담하자니 만만치 않았다. 우리 부부는 고민 끝에 아직 고등학교에 다니던 아들 재영이를 한국으로 불러들여야 했다.

초등학교 3학년에 유학을 떠나 고등학교 2학년에 다시 한국에 들어온 아들은 우리 말도 서툴고 사고방식은 완전히 외국 아이로 변해 있었다. 그때 아들이 겪었을 문화적 충격이 어땠을까 생각하면 가슴이 아프다. 부모에 대한 불만이 컸던지, 아들은 귀국해서 근 한 달 동안을 부모와 얼굴을 마주하지 않으려 했다. 우리 부부에게 참으로 힘든 시간이었다.

그 과정에서 나는 하나님 아버지의 마음을 이해하게 되었다. 내가 아들에게 진심으로 대하고 싶어도 받아주지 않는 것처럼, 나도 하나님 아버지의 진심을 외면하고 살아왔음을 깨우치게 되었다. "자식을 키워 보아야 부모 심정을 안다"고 했는데 아들을 통해 하나님의 사랑을 깨닫는 계기가 되었다.

아들은 외국인 학교에 다니다 자퇴하고 검정고시를 거쳐 동국대학교 동시통역학과에 진학했다. 우리 말도 서툰 처지에 검정고시를 통과해 대학에 진학한 아들이 대견했다. 그 후 해군에 자원입대하여 작전사령부 통역요원으로 근무했다. 한미연합훈련 등에서 통역을 했고 평상시엔 장교 및 군무원들 영어교육을 담당했다. 어찌나 일을 잘하는지 부대장, 사령관 표창도 받고 휴가를 빈번하게 나올 정도로 부대에서 인정받는 일꾼이었다.

복학해 졸업한 후에는 바이오 제약 회사 해외 사업개발 부서에 취직하여 다국적 제약회사와 콘퍼런스 및 협상 업무를 맡아 경력을 키워나가고 있다. 어찌나 대인관계, 처세술이 뛰어난지 가는 곳마다 인기도 많고 최우수 직원 표창을 받곤 한다. 한 번은 우리 부부 결혼기념일에 신라호텔 뷔페 초대권을 주길래 물어보니 회사에서 우수직원으로 선발되어 상품으로 받았단다.

인정도 많고 마음 씀씀이도 크다. 엄마가 췌장암 판정을 받은 후에는 회사에서 재택근무를 배려해 주어 나와 교대로 헌신적으로 엄마의 병간호와 식단을 책임졌다. 아내의 투병 기간이 길어지면서는 휴직을 신청하고 엄마를 돌본 효자다. 바이오 제약 분야에서 얻은 지식을 바탕으로 체계적으로 엄마를 간병했다. 비록 한국에 돌아온 초기에 부모에 대한 불만으로 우리 부부가 마음고생도 했지만, 하나님께서 아들을 변화시켜 주시고 역경을 딛고 유능한 청년으로 세워주셨다. 교회 봉사도 열심이고 청년 목자를 맡아 두 번이나 목장을 배가하는 등 교회에서도 인정받는 목자로 성장했다.

무엇보다 대인관계가 좋고 일을 잘해서 직장을 옮길 때마다 회사에서 놓지 않으려고 집에까지 찾아와 설득하는 모습을 보고, 아빠로서 마음이 뿌듯했다. 어디에 내놓아도 자기 앞길 훌륭하게 개척할 인재가 된 것이다. 전문 요리사 못지않게 요리 솜씨도 좋다.

아내는 늘 뱃속에서 태교를 제대로 못 시키고 모유 대신 우유를 먹인 일을 안타까워했다. 더 가슴 아픈 일은 아들 결혼도 시키기 전에 엄마가 세상을 떠났다는 사실이다. 아내가 떠난 뒤, 텅 빈 아파트에 나와 아들 그리고 푸들 강아지 '수남(秀男)' 이렇게 세 남자가 서로 의지하며 살아가고 있다.

부디 우리 아들 재영이가 하나님을 더욱 깊이 인격적으로 만나 그분의 온유하고 겸손한 품성을 닮아 가고, 또 믿음의 뿌리가 깊고 영혼이 아름다운 배필을 만나 귀한 믿음의 가정을 이루길, 자신의 역량을 마음껏 펼칠 일터를 찾아 행복한 삶을 살아가길 간절히 기도한다.

여보! 당신도 하늘에서 재영이를 위해 이렇게 기도하고
응원해 주리라 믿어요!

천사와 춤을 (Dancing with an Angel)

아내와 함께한 지난 35년의 삶에서 가장 기억에 남는 아름다운
추억 중에 사랑하는 딸 서현의 결혼식을 빼놓을 수 없다. 2019
년 5월 딸의 결혼식이 미국 시카고에서 있었다. 골프장 클럽하
우스를 빌린 성대한 예식이었다. 엄숙한 한국의 결혼식과 달리
미국 사람들은 결혼식을 가족 친지들과 함께 어울리는 축제로
즐기는 문화였다.

딸은 결혼 몇 달 전부터 우리 부부에게 사교춤을 배우라고 했
다. 특히 아빠가 신부인 딸과 결혼식 피로연 파티에서 춤을 추어
야 하니 춤 연습 열심히 하시라고 성화였다. 고민이었다. 우선
평생 춤이라곤 대학교 MT에서 춘 막춤 외에 이렇다 할 경험이
없는 춤치(?)인데 사교춤이라니…. 게다가 아내와 데이트 시절에
"춤 잘 추세요?"라고 아내가 묻길래 엉겁결에 "중간은 해요"라
고 답했는데 모든 게 들통날 D-데이가 다가오고 있었다. 아내

가 대학생 시절, 학교 축제에서 다른 대학교 팀들과 사교춤 행사가 있었는데 파트너 남학생이 술 냄새 풍기며 스텝도 제대로 못 밟는 바람에 자존심 상해 중간에 도망쳐 나온 에피소드를 들었기에 못 춘다고 말하기도 곤란했다.

축제와 같은 결혼식

우리 부부는 지인의 소개로 분당의 댄스교습소를 찾아 몇 가지 사교춤을 배웠다. 처음엔 어색하고 스텝도 꼬이고 부자연스러워 강사로부터 핀잔도 들었다. 그러나 회차를 거듭할수록 호흡이 맞아가고 몸놀림도 유연해졌다. 피날레 부분의 회전 동작도 우아하게 발전했다. 우리 부부는 약 3주간 댄스 교습을 받고 딸의 결혼식에 참석했다.

5월의 아름다운 날씨에 골프장 야외 잔디밭에서 예식이 진행되었다. 특이한 점은 딸 친구 다섯 명이 아름다운 들러리 복장으로 입장하고 이어서 사위 친구 다섯 명이 들러리로 입장하는데 한결같이 선남선녀들이었다. 목사님 주례와 성혼 선언 낭독이 끝난 뒤 식사를 곁들인 피로연이 열렸다.

한복에서 파티복으로 갈아입은 아내의 손을 잡고 피로연장에 입장하는데 환호성이 들렸다. 아내의 붉은색 드레스가 너무도 화려하고 자태가 아름다워 감탄사가 나온 것이다. 그날은 딸과 사위가 주인공이라 의상의 색깔부터 넥타이 색까지 주인공들을 빛나게 해야 해서 신경이 많이 쓰였다. 하지만 아내는 당차게 빨간색 드레스를 골랐고 내 넥타이, 행커칩도 모두 붉은색으로 코디했다. 아내는 늘 강렬한 원색이 얼굴에 잘 받았는데 그날따라 신부를 압도할 정도로 눈부신 자태였다. 이윽고 춤 파티가 시작되었다. 한국에서 열심히 속성으로 교습을 받은 덕분에 우리 부부는 신랑, 신부, 하객들과 어울려 한바탕 멋진 춤 파티를 즐길 수 있었다.

아내와 함께 춘 35년의 사랑 춤

나는 딸 그레이스의 결혼식 내내 행복에 겨워하는 아내의 만면 미소와 표정을 잊을 수 없다. 30년 전 그녀를 만나 결혼하고 가정을 꾸리고 예쁜 딸, 아들 남매를 낳아 잘 기르고 양육하여 착하고 믿음 좋고 능력 있는 사위에게 시집보내기까지 지난 세월이 주마등처럼 스쳐 지나갔다. 딸아이의 오늘이 있기까지 임신 초기부터 기도 가운데 정성껏 태교하고 출산하여 영특하고 성격 좋고 믿음 좋은 딸아이로 길러낸 아내의 헌신적인 모성애를 존

경한다.

여보! 당신처럼 눈부신 우리 그레이스를 지켜보며 하나님께서 천사 같은 아내와 닮은 꼴인 천사 같은 딸을 주신 벅찬 은혜에 감사, 또 감사를 드렸어요. 꽃으로 치면 그날 당신은 가장 화려하고 아름답게 만개한 농익은 장미꽃 같았지요!

예정에 없던 아내와의 댄스 교습을 통해서 깨우친 은혜가 컸다. 춤은 기교가 아니라 서로의 눈빛을 통해 공유되는 따뜻한 마음과 상대를 존중하고 귀하게 여기는 배려의 동작이다. 특히 남자의 리드가 중요하다. 나만의 페이스가 아닌 상대의 페이스를 배려하면서 다음 동작으로 이끌어가는 공감의 리더십이 필요하다는 것을 깨우쳤다. 그래야 억지 동작이 아닌 자발적으로 우러나오는 아름다운 하모니를 이룰 수 있기 때문이다.

아내와 춤을 추자니 우리 부부의 지난 삶이 주마등처럼 스쳐지나갔다. 신혼 때의 어색함과 어눌함, 30년 가까이 전혀 다른 환경에서 자라온 두 인격체의 서로 다름과 차이로 인해, 우리의 신혼생활은 호흡이 맞지 않아 자주 스텝이 꼬이곤 했다. 오른발을 내디뎌야 할 때 왼발이 나오고 왼쪽으로 돌아야 할 때 오른쪽으로 돌고 남편이 리드해야 할 때 아내가 튀어나오고, 시행착오의 연속이었다. 그 과정에서 괜한 오해와 갈등으로 불필요한 불협화음이 나오기도 했다.

그러나 감사하게도 우리 부부의 중심에는 신앙이라는 코어가 든든히 자리 잡고 있었다. 험한 바다의 풍랑을 가로지르는 배가 금방 넘어질 듯 위태해 보여도 그 배 밑바닥에 담아둔 엄청난 양의 평형수 덕분에 배가 중심을 잡는다. 오뚝이가 넘어져도 바로 일어나는 것은 중심에 넣어둔 쇠구슬 때문이다. 우리 부부의 평형수와 쇠구슬은 예수그리스도를 인격적으로 만나 그분을 구주로 영접하고 새 생명으로 다시 태어난 부활 신앙이다. 지난 35년을 함께 살며 기쁠 때도 슬플 때도 평안할 때도 위태로울 때도 형통할 때도 곤고할 때도, 하나님께서 우리 부부와 늘 동행해 주셨음을 고백한다.

우리가 함께 시작한 촌스럽고 투박하고 어눌한 춤이 세월을 거듭하며 세련되어지고 우아해지고 아름다워지고 거룩해질 수 있었다. 영혼이 아름다운 아내를 보내주셔서 지난 35년 동안 맘껏, 한바탕 천사와 춤을 추게 하신 하나님께 감사와 영광을 올려드린다. 할렐루야!

소
명
과

비
전

———

12년을 함께한 행복한 카풀

12년 전 아내와 함께 테헤란로에 '케어브리지 파트너스'라는 기업컨설팅 회사를 설립했다. 기도 가운데 하나님께서 주신 이름이다. 명함에는 '당신의 성공파트너', 'We bridge you to success'라는 문구를 새겨 넣었다. 동시에 우리 사무실에 드나들거나 우리 회사와 연결되는 상대방들을 예수그리스도와 연결시키자는 의미에서 선교명함에는 'We bridge you to Jesus Christ'라는 문구를 넣었다. 소위 비즈니스를 통해 선교를 지향하는 회사인 셈이다.

나는 주로 사람 만나고 돈을 벌고 전도하는 일에, 아내는 관리 및 선교 관련 업무를 담당했다. 회사가 작아도 주식회사이다 보니 잡다한 일이 많았다. 돌이켜 보니 때를 따라 도우시는 하나님의 은혜로 꾸준하게 일거리를 주셔서, 생활하고 사역하고 선교 후원하는 일을 잘 감당해 왔다. 무엇보다도 조직에 매이지 않으니 자유로워 좋았다.

지난 12년 동안 아내와 함께 차를 타고 출퇴근하는 시간이 우리 부부에겐 각별한 은혜의 시간이었다. 성경 말씀, 설교, 기도, 찬양을 들으며 부부가 함께 은혜를 나누는 시간은 너무도 행복했다. 출근 시간에는 오늘 만날 대상에 대한 기도로 시작해서, 가족, 사업, 교회, 목장, 국가와 민족을 위한 기도로 마무리하고 함께 주기도문을 암송한다. 맨 마지막으로 '내 평생의 기도'라는 우리 부부의 기도 제목을 같이 낭송하고 나면 한 시간이 훌쩍 지나간다. 지난 12년을 한결같이 이렇게 출근길 예배를 드렸다.

퇴근길에는 유튜브 설교, 극동방송, FM 음악방송을 듣고 이따금 치매 예방 훈련도 병행했다. 역삼동 회사에서 용인집까지 터널을 열 개 통과하는데 순서대로 터널 이름 외우기, 신구약 성경 66권 이름 순서대로 외우기, 끝말잇기 등으로 기억력을 자극하는 훈련을 했다. 틀리면 벌칙으로 꿀밤 때리기나 노래 부르기를 하면서 오다 보면 한 시간 넘는 시간이 금방 지나간다.

내 평생의 기도

존재와 시간과 소유의 주인이 되시는 주님
늘 코람데오(Coram Deo)하게 하시고

주님의 눈과 마음으로 주변을 보게 하시며
행동하는 믿음 갖게 하소서

열린 마음으로 열린 동역하게 하시고
온유와 겸손으로 나보다 남을 낮게 여기게 하시며
인자한 언어, 행실로 주변에 덕이 되게 하소서

주님의 지혜와 능력에 의지하여 신실함으로
화평과 희락 가운데 가정과 일터 경영하게 하시고

주님 주시는 은혜와 축복으로 제 삶이 차고 넘쳐
은혜의 통로, 축복의 통로 되게 하소서

영원한 천성 늘 사모하며 이 땅에서 순례자의 길
아름답게 마무리하게 하소서

시간의 수레바퀴를 거꾸로 돌릴 수만 있다면

부부이자 회사 동료이고 전도의 동역자이며 다정한 연인처럼 보낸 그 시간들이 너무도 그립다. 지금도 자동차를 타고 출퇴근할 때면 옆좌석에서 아내가 '여보' 하며 부르는 듯 환청을 듣곤 한다. 아내가 늘 앉아 있던 사무실 텅 빈 의자에 앉아 보면 만감이 교차한다. 모든 것은 다 그대로인데 아내만 그 자리에 없다. 벽에 걸린 시계의 바늘을 거꾸로 돌릴 수만 있다면 얼마나 좋을까! 그렇게 500바퀴만 시침을 거꾸로 돌리면 아내와 나란히 오순도순 함께 앉아 있던 시간으로 돌아갈 수 있으련만!

그렇다, 시간의 수레바퀴는 누구도 막을 수 없는 하나님의 주권적 영역이다. 인생은 한 치 앞도 알 수 없다. 마치 영원할 것처럼 생각했던 모든 것들은 다 허상이다. 신약성경 야고보서의 말씀이 귓전을 맴돈다.

너희 생명이 무엇이냐
너희는 잠깐 보이다가 없어지는 안개니라
야고보서 4장 14절

아내와 함께한 지난 35년! 거의 매일 함께 출퇴근한 지난 12년! 모두 허무한 안개처럼 기억의 저편으로 사라졌다. 비정한 시간의 수레바퀴와 함께….

사명으로 시작한 일터 (Business as Mission)

우리 회사는 나의 펀드매니저 시절 쌓아 놓은 인맥과 네트워크를 활용해 기업 인수합병, 자금 조달, 경영 조언 등의 업무를 하는 회사다. 내가 대표이사, 아내가 상무이사를 맡아 경영해 왔다. 나는 주로 외부와 딜을 만들고, 아내는 회사 내부 살림과 선교사업 지원 업무를 맡았다. 어떤 일감이 생기면 외부의 회계사, 변호사, 세무사 등과 건별로 파트너쉽을 구축하여 딜을 마무리하고 기여에 따라 성과를 배분하는 아웃소싱 업무구조라서 회사에 상주 인원을 많이 둘 필요가 없어 좋았다.

우리 회사를 찾아오는 고객들은 주로 기업인들이다. '회사를 팔아달라', '회사를 사달라'는 반가운 고객도 있지만, 대부분은 자금 조달을 희망하는 벤처기업, 스타트업 기업들이다. 나의 펀드매니저 시절 명성을 듣고 소개받아 찾아오는 경우가 대부분이다. 회사에 도움이 안 되고 시간 낭비만 될 만남도 있지만 나는 거절하지 않고 시간을 쪼개서라도 다 만나 본다. 하나님께서 주신 전도의 기회라고 보기 때문이다.

나는 기업가 한 명을 제대로 전도하면 교회를 하나 세우는 것과 같다고 믿기 때문에 만나는 기업인 한 명 한 명이 모두 나의 VIP다. 내 업무용 노트북 메모 칸에 내가 컨설팅해 주는 기업들을 향한 맞춤형 기도의 제목을 팝업창에 띄워둔다. 해당 기업들과 회의를 시작하기 전에 반드시 기도의 제목을 속으로 읽으며 미팅을 시작한다. 무엇이 중요한지를, 그 본분을 망각하지 않기 위해서다.

그간 우리 회사를 거쳐 간 기업이 족히 백 곳은 넘는다. 물론 한두 번 만남으로 그친 곳도 있고 어떤 기업들과는 십 년 넘게 인연을 이어오고 있다. 나와 우리 회사를 만나 복을 받았다는 기업이 여기저기 생겨나고 있다. 처음 만났을 때 초라했던 기업이 놀랍게 성장한 경우도 있다. 그럴 때마다 보람 있다.

가장 기쁜 소식은 최 대표님과 사모님의 신앙심에 감동해 교회에 다닌다는 이야기를 들을 때다. 바로 이 일을 위해 회사를 시작 했으니, 돈이 되든 안 되든 그리스도 안에서 선한 영향력을 끼쳤다면 본전을 뽑고도 남는 사업이다. 나는 우리 회사와 연결된 모든 상대방이, 우리 부부와 옷깃이라도 스친 분들이, 그리스도의 향기를 맡고 우리가 간직한 소망에 관한 이유를 물어오길 바라는 마음으로 사업을 했다. 하나님을 믿는 사람은 뭔가 다르다는 생각을 심어주고 싶었다. 상대방을 수단이 아닌 목적으로 여기고 주께 하듯 진정한 자세로 정성을 다해왔다.

책 한 권의 기적

비즈니스 미팅에서 제일 안타까운 일은 실컷 사업 이야기만 하다가 미팅이 끝나는 경우다. 핵심이 빠진 것처럼 속상하고 안타깝다. 그렇다고 초면에 신앙 이야기부터 꺼내면 거부감을 주기 쉽다. 그래서 진솔하고 쉽고 마음을 열게 하는 전도 책을 써서 손에 쥐여주면 좋겠다는 생각에 집필을 구상했다.

성경은 많이 읽었지만 신학대학 근처도 못 가본 사람이 전도에 관한 책을 쓰기는 벅찬 일이라, 중간에 여러 번 그만둘까 했다. 그러나 성령 하나님의 도우심으로, 내가 하나님을 만나기까지 기나긴 방황의 여정에서 깨우친 복음의 진리를 평신도의 눈높이에서 정리해『놀라운 사랑 한량없는 은혜』라는 제목으로 출간했다.

이 책을 딸 서현이가 영어로 번역했다. 그것이 계기가 되어 중국어, 베트남어, 인도네시아어, 일본어로도 번역해 국내외에서 전도에 귀히 사용하고 있다. 과분한 은혜가 아닐 수 없다.

책이 출간되고 나니 전도가 한결 수월해졌다. 비즈니스 미팅이 끝나면 책에 서명해서 나눠 주는 일이 일상이 되었다. 누구든 새로 만나는 모든 사람에게는 꼭 책을 선물했다. 이렇게 나눠준 책이 만 권이 넘는다. 전도 책자에 이어 신앙수필『은혜의 바다로』도 출간했다. 크리스천이라고 하면서도 하나님의 은혜 가운데 나가지 못하고 있는 분들을 위해 쓴 책으로, 많은 사랑을 받고 있다. 물론 두 책 모두 판매 목적이 아닌 자비량 사역으로 배포하고 있다.

전도 책자 관련해서 에피소드가 있다. 단골 세탁소에서 내 상의 왼쪽 호주머니가 좀이 슨 것처럼 다 헤져서 수선했다고 들었다. 이유를 알아보니, 그동안 책을 주로 왼손에 몇 권씩 들고 오른손에는 핸드폰을 들고 다니며 전해주곤 했는데 오랜 세월 반복되다 보니 호주머니 부분이 닳은 것이다.

"당신의 지독한 전도 열정, 하나님께서 기뻐하실 거예요!"

아내가 칭찬해 주었다.

감사하게도 나의 전도 책자를 통해 하나님을 만나는 기적이 여기저기서 일어나고 있다. 군산에 사는 술꾼 아저씨가 이 책을 읽고 가슴을 치며 인생 헛살았다 회개하고 새벽 예배에 빠지지 않고 나가는 일, 골프장에 게스트로 오신 연로하신 회장님께 책을 드린 일이 계기가 되어 그 가족 전체가 교회에 등록해 신실한 크리스천이 된 일 등, 일일이 열거하기 어려울 정도로 많은 회심과 구원의 역사가 일어나고 있음에 감사드린다.

고인이 된 아내의 정성 어린 교정과 조언, 기도가 큰 힘이 되었다. 아내는 누구보다도 이 책의 가치를 아는 애독자였다. 다시 한번 아내의 헌신과 수고에 깊은 감사와 사랑을 전한다.

전도 책자에 얽힌 일화

여주에 있는 소망교도소를 섬기는 목사님으로부터 내 전도 책자 『놀라운 사랑 한량없는 은혜』를 재소자들에게 읽히면 좋겠다는 전갈을 받고 400권을 기증한 적이 있다. 교도소 도서관에 일부 비치하고 나머지는 재소자들에게 나눠 주었다.

그런데 문제는 재소자 일 인당 소지할 수 있는 책이 다섯 권이라 이 책을 받으면 다른 책을 한 권 반납해야 해서 이 책을 안 가져간다는 거였다. 선호하는 무협지나 야한 잡지를 반납하고 재미없고 딱딱한 책을 가져갈 재소자가 없는 것이다. 그래서 결국 이곳저곳 굴러다니는 이 책을 모아 망태기에 담고 가운데 막대기를 끼워 체력 단련용 역기로 사용하고 있다는 얘기를 들었다.

화가 머리끝까지 치솟았다. 사실 우리 부부는 여유자금만 생기면 책을 인쇄하고 번역하고 나눠 주는 일에 썼다. 좋은 옷 입고 좋은 음식 먹고 여행 다닐 기회를 포기하고 아껴 귀한 마음으로 전해준 책인데, 역기를 만들어 쓰고 있다는 소문에 심한 배신감 마저 들었다.

설상가상으로 몇 주 전 회사 엘리베이터에서 만난 어느 사장님에게 명함을 건네고 책을 한 권 선물했는데, 하루는 이 사장님이 내 책을 들고 우리 사무실에 찾아왔다. 읽다가 은혜를 받아 감사 인사를 하러 온 줄 알았는데, 대뜸 책을 도로 내밀며 도저히 마음이 불편해서 이 책을 자기 사무실에 둘 수 없어 반납하러 왔다는 것이다. 여태껏 책을 전해주고 반납을 받아 보기는 처음이었다.

가뜩이나 소망교도소 건으로 낙심하고 있는데 이런 일마저 겪으니 전도할 의욕이 없어졌다.

"지금 남아있는 책만 소진하고 더 이상 책을 주문하지 말아요."

홧김에 아내에게 말했다. 책을 안 찍으면 비용도 절감되고 잘
되었다는 마음이 들었다.

이렇게 낙심하고 있을 때 하나님께서 기적 같은 반전의 드라
마를 만들어 주셨다. 소망교도소에 26년 동안 조폭 생활을 한 전
과 10범 죄수 하나가 이감을 왔는데, 이 책을 읽고 단번에 회심
하는 일이 일어났다.

간증을 들어보니 너무도 정확했다. 이 형제는 수감 기간 성경
을 10독 이상 했고 교도소 도서관에 비치된 기독교 관련 책은 모
조리 탐독하고 모범수로 출소했다. 출소 후에는 'SK 해피투게더
재단'에서 운영하는 스팀세차 광택 대리점장으로 일하며 야간에
는 53세 만학의 나이에 백석 신학원에서 목회자가 되기 위해 공
부하고 있다.

함께 조폭으로 활동하다가 여기저기 수감 된 동료들에게 눈
물의 회심 편지와 함께 책을 보내 구원받는 역사도 일어나고 있
다. 불교에 젖어 있던 부모님, 장모, 아내에게 전도하여 온 가족
이 교회를 열심히 나가고 있다. 또 장차 교도소 재소자를 대상으
로 하는 목회자가 되겠다고 서원했다. 하나님께서 이 형제를 사
용하셔서 어둠에 갇혀있는 수많은 영혼을 구원으로 인도하는 놀

라운 역사가 일어나길 간절히 기도한다.

나는 이 형제의 회심에 하늘을 날 듯 기뻤다. 밥 안 먹어도 배 부르다는 말을 실감했다. 출판사에 연락해서 책을 추가로 2천 권 더 주문했다. 하나님께서 실의에 빠진 우리 부부에게 엄청난 격려와 용기를 불어넣어 주셨다. 우리 부부의 전도사역은 하나님께서 시작하셨고, 인도하고 계시며, 앞으로도 은혜 가운데 사역의 지경을 넓혀주시리라 확신한다.

비록 아내가 사역 가운데 암으로 소천하여 다리가 휘청거릴 정도로 큰 충격과 아픔을 겪고 있지만, 나는 하나님의 선하심을 익히 맛보아 알기에 좌절하지 않으려 한다. 그분은 아내의 죽음을 통해 내가 모르는 또 하나의 놀라운 반전의 드라마를 준비하고 계심을 믿기 때문이다.

교
회
와

사
역

천생연분 껌딱지 부부

아내를 떠나보내고 오랜만에 테헤란로 사무실에 출근했다. 아내가 항암 투병하는 지난 8개월간 내 사무실은 개점휴업 상태였다. 병원 쫓아다니고 병간호하고 집안 살림도 해야 했기에 사무실에 출근할 여유도 없었고 솔직히 일할 의욕도 나지 않았다.

점심 식사하러 회사 지하의 식당에 다녀오는데 식당 입구에 나란히 위치한 부동산 사장님이 오랜만에 뵙는다고 반가이 인사를 한다.

"사모님은 어디 가시고 오늘은 혼자 오셨네요?"

울컥 목이 메어 한참 머뭇거리다 대답했다.

"하나님이 데려가셨어요, 췌장암으로."

그분의 눈이 휘둥그레지더니 의자에 털썩 주저앉아 말을 잇지 못한다.

"세상에! 이 일을 어쩌나! 최 사장님 부부가 바늘과 실처럼 붙어 다녀 참으로 보기 좋은 천생연분이라고 감탄하곤 했는데···. 너무 다정하니 운명이 시샘을 했나···."

그렇다, 우리 부부의 별명이 '바늘과 실', '껌딱지'였다. 내가 테헤란로에 컨설팅 회사를 차리고 평신도 전도사역을 시작할 때부터 우리 부부는 거의 24시간을 같이 보내는 동업자 겸 동역자가 되었다. 비즈니스 미팅에도 동행하고 교회의 교육훈련, 봉사, 섬김, 부부목장, 교도소 재소자 교육 등 삶의 모든 영역에서 우리 부부는 함께 했다. 남들은 자주 물었다.

"부부가 늘 붙어 다니면 의견 충돌 생기고 싸우기도 하는 법인데, 불편하지 않으세요?"

우리 부부는 다정한 오누이처럼, 친구처럼, 함께 지내는 것이 너무도 편했고 행복했다.

나와 전공이 다르고 전문 분야가 다른 아내를 비즈니스 미팅에 데리고 다니는 것을 망설인 적이 있었다. 하지만 대견하게도 아내는 먼저 나서 말했다.

"내가 당신 업무는 잘 모르지만 옆에서 기도라도 해줄 테니 같이 다닙시다."

또 신기하게 아내와 함께한 미팅의 분위기가 좋았고 딜 성사 확률도 높았다. 나는 옆에서 중보기도 해준 아내 덕이라고 생각 하곤 했다. 그리고 내가 미처 못 본 사실도 여자의 섬세한 감각 으로 간파해 조언을 해주기도 했다.

물론 간혹 말다툼을 하기도 했지만, 잠시 침묵의 시간이 지나 면 이내 언제 다투었는지 잊을 정도로 원상회복이 되어 뒤끝이 없었다. 우리의 신앙관, 가치관, 비전이 놀라울 정도로 같은 방 향을 지향하고 있었기에, 잠시 궤도이탈 했다가도 바로 제 자리 로 돌아오는 놀라운 복원력을 가졌다고 생각한다.

또 하나는 서로 다르면서도 상호 보완적인 성격과 성향도 원 만한 부부관계를 유지 시켜준 요인이었다. 나는 성격이 다소 급 하고 다혈질인데, 아내는 느긋하고 이성적이고 참을성이 많다. 나는 열정적이고 추진력이 있는데, 아내는 조심성이 많은 성향 이다. 나는 기가 세고 딱딱한 느낌을 주는데, 아내는 마치 물이 모든 모양의 그릇에 담기듯 부드러움과 온유함을 지녔다. 하나 님께서는 마치 레고의 요철처럼 부부가 서로의 장단점을 잘 보 완해서 완벽한 하나가 되어 가길 원하신다. 그래서 돕는 배필로 아내를 주신 것이다. 그런 점에서 우리 부부의 인연을 맺어주신 하나님께 무한한 감사를 올려드린다.

지구촌교회와의 만남

하나님께 두 번째 은혜를 입은 후 처음 구원받았을 때의 감격을 되찾았다. 그동안 세상의 성공에 취해 등한히 했던 성경 말씀이 꿀 같이 달았다. 예배를 간절히 사모하게 되었고 전도의 열정으로 불타오르고 있었다. 교회에서는 청년부 지도교사, 구역장으로 10년 이상 섬겼다. 학생들을 가르치면서 얻은 은혜와 깨우침이 컸다. 아내가 고백했다.

"당신이 세상에서 잘되고 유명해지고 돈 많이 벌 때보다도 솔직히 지금이 더 행복해요!"

내가 새벽 6시에 출근하고 밤 12시가 되어 집에 들어올 정도로 지독한 일벌레로 살았으니, 아내는 늘 남편과의 진지한 믿음의 교제에 목말랐다. 십일조는 많이 내지만 주일날 잠깐 교회에 얼굴만 비치는 '선데이크리스천'으로 전락한 남편을 아내는 얼마나 기도하고 인내하며 기다렸을까!

교회 복음 사경회에 50명 넘는 VIP(전도 대상자)를 데려오고 63빌딩 홀을 빌려 전도 행사를 주도하는 남편이 대견하고 자랑스럽다고 했다. 결혼 이후 아내와 깊은 영적 교제를 제대로 나누지 못했으니 믿음이 뜨거웠던 아내가 얼마나 답답하고 아쉬워했을까!

이렇듯 뜨겁게 신앙생활을 하고 있을 때 교회에 뜻밖의 내분이 일어났다. 목사님과 교회 재직들 사이의 다툼으로 교회가 쪼개지는 아픔이 찾아왔다. 지난날 잘못 살아온 반성에서 남은 인생 주님과 교회에 헌신하겠다는 서원을 했는데 왜 하필 이런 일이 일어났는지 안타까울 뿐이었다. 이 일로 나와 아내는 상처를 많이 받았다. 우리 부부는 답답한 마음에 한강 변 산책로를 수도 없이 걷고 또 걸었다.

하루는 아내가 지구촌교회 이동원 목사님 설교를 들어보자고 제안했다. 아내가 대학생 때 극동방송을 통해 이동원 목사님 설교를 듣곤 했는데 너무도 복음적인 설교에 은혜를 많이 받았다고 했다. 그래서 온라인으로 이동원 목사님 설교를 일 년 가까이 들었다. 그러다 너무도 마음이 끌려 여의도에서 내비게이션을 켜고 무작정 찾아온 교회가 지구촌교회 수지 채플이었다.

오후 네 시쯤 되었는데 청년부 홀리 웨이브 예배를 위해 수백 명의 청년이 모여있었다. 기타와 드럼을 치며 고막이 터질 듯 준비찬양을 하는데, 이런 예배에 익숙하지 않아서 앉아 있기가 힘들었다. 거의 다 청년들이었고 성인이라곤 우리 부부뿐이었다. 나와 아내는 기도 시간에 조용히 밖으로 나가려고 했다. 그런데 웬걸, 어디서 많이 듣던 음성으로 기도가 시작되었다.

"우리의 작은 신음에도 귀를 기울이시는 아버지 하나님! 우리를 약속의 땅, 응답의 땅으로 인도하여 주소서."

눈을 떠보니 강단에 이동원 목사님이 서 계셨다.

놀라운 일이었다. 우리가 예배 프로그램을 보고 찾아온 것도 아니고 답답한 마음에 주일 오후 무작정 찾아왔는데 이동원 목사님을 만난 것이다. 그날 설교가 우리 부부의 심금을 울리는 말씀이라 청년들 틈에 앉아 눈물 콧물 쏟으며 큰 은혜를 받았다. 이것은 우연이 아니라 하나님께서 우리 부부를 지구촌교회로 인도해 주신 섭리의 손길임을 믿는다. 나중에 안 사실이지만, 이동원 목사님은 65세에 지구촌교회의 담임목사직에서 자발적으로 은퇴하시고 수원 경기대학교 캠퍼스에서 주일 10시, 12시 두 번의 채플 예배를 인도하고 계셨다. 수지 채플 홀리 웨이브 예배는 교회의 요청으로 일 년에 기껏 서너 번 정도 인도하신다는데, 이런 우연이 또 어디 있을까!

우리 부부는 그다음 주일부터 경기대 캠퍼스 예배에 참석했다. 찬양부터 너무 은혜로웠다. 논리 정연하고 영성 깊은 강해설교에 매료되었다. 주일마다 감동과 은혜의 연속이었다. 우리 부부는 이동원 목사님의 지난 설교를 모조리 찾아서 하루에 두세 개씩 들었다. 그리고 신학교 과정을 압축해 만든 2년 반 과정의 지구촌교회 '열린 목자 대학'을 졸업했다. 교회의 각종 교육프로그램에 빠짐없이 참여하면서 믿음의 깊이와 지경이 더해졌다. 나의 전도 책자 『놀라운 사랑 한량없는 은혜』, 『은혜의 바다로』를 출간한 것도 그간 교회를 통해 받은 놀라운 말씀의 은혜와 훌륭한 교육프로그램 덕분이다.

청년 시절 교회 문서선교팀에서 만나 결혼한 나와 아내는 우리의 작은 달란트로 교회를 섬기기 위해 지구촌교회 '역사문서선교팀'에서 월간 『지구촌비전』 편집인을 맡아 봉사했다. 말은 허공으로 쉽게 사라지지만 활자화된 문자는 오래 남기 때문에 문서선교가 중요하다. 신구약 성경 66권은 가장 위대한 문서선교의 결정판이다. 하나님께서 부어주시는 은혜와 복음의 진리를 땅끝까지 전하기 위해 남은 인생을 국내외 문서선교에 헌신하고자 기도한다. 향후 SNS를 통한 글로벌 문서선교의 큰 비전을 위해서도 기도하고 있다.

이스라엘 성지순례

2017년 9월, 교우들과 함께 7박 8일 간 이스라엘 성지순례를 다녀왔다. 우리 부부는 크리스천으로서 예수 그리스도가 태어나 자라고 사역하신 현장을 보고 싶은 마음이 간절하던 터라 가슴이 설레었다. 당시 『지구촌비전』부부기자로 활동하던 때여서 성지순례 취재를 겸한 여행이기도 했다. 이스라엘을 22회 이상 방문한 지구촌교회 이동원 원로목사님께서 직접 성지순례 가이드 겸 해설사로 안내해 주서 더욱 은혜가 넘쳤다.

95명에 달하는 우리 일행은 A팀, B팀으로 나누어 버스 두 대에 타고 이동했다. 이스라엘 최북단인 단에서 최남단인 브엘세바까지, 예수님 사역의 발자취를 따라 24곳의 기독교 유적지를 돌아보는 강행군이었다. 특히 여간해서 들어가기 힘든 사마리아 지역의 그리심 산, 에발 산에 올라갈 수 있었던 것은 아주 특별한 선물이었다.

출발 전에 3회에 걸친 사전교육을 받았다. '아는 만큼 보인다'고, 미리 철저한 예습을 통해 습득한 지식과 정보가 아주 유익했다.

이스라엘은 강원도 크기 면적에 인구 900만 명이 살고 있는 작은 나라다. 국토 대부분이 광야와 사막으로 이루어진 척박한 땅이다. 북으로 레바논, 남으로는 이집트, 동북으로 시리아, 동으로는 요르단, 서로는 지중해와 접해있다. 우기(11월~4월) 동안 내리는 연 강우량이 700mm에 불과한 건조하고 메마른 사막지대여서, 하나님께 의지하지 않고는 살 수 없는 조건을 가진 나라다. 하나님께서는 이 메마르고 척박한 땅에 자기 외아들 예수를 구원자로 보내셨다. 영적으로 갈급하고 핍절한 인생들을 구원하시기 위해 예수를 메시아로 보내주신 것이다.

예수가 태어난 베들레헴, 유년기를 보낸 나사렛, 세례를 받으신 요단강, 마귀에게 이끌려 40일간 시험을 받으신 유대 광야, 3년간의 공생애 기간 주 무대였던 갈릴리 가버나움을 돌아보았다. 물로 포도주를 만드신 가나의 혼인 잔치가 열렸던 장소, 세리 삭개오가 회심한 여리고, 그리고 예루살렘 성문 여덟 개와 예수께서 십자가를 지고 비틀거리며 올라갔던 800미터에 달하는 비아돌로로사 길, 골고다 언덕 등을 오르며 우리를 구원하기 위해 예수께서 감당했던 처절한 고통과 희생을 깊이 묵상할 수 있었다.

특히 기억나는 것은, 예수님이 십자가 처형을 앞두고 땀이 핏방울이 되도록 고뇌의 기도를 올렸던 '겟세마네' 동산이, 올리브 열매를 큰 맷돌에 갈아서 올리브 기름을 만드는 장소라는 사실이었다. '겟세마네'는 '올리브를 으깨는 맷돌 즙 틀'에서 유래한 이름이라고 한다.

예수의 몸이 십자가 '즙 틀'에서 으깨지고 부수어지면서 흘러내린 '성령의 기름(보혈)'이 우리의 죄와 악을 씻어주고 정결케 함으로 우리가 죄사함(구원)을 얻었다. 이 사실을 다시금 마음 깊이 새기는 소중한 은혜의 시간이었다.

성경 사해 사본이 발견된 쿰란 동굴, 로마 침략에 맞서 유대 병사 960명이 3년간 저항하다가 자결한 마사다(Masada)요새를 돌아보았다. 지금도 이스라엘군 신병들은 역사의 치욕이 서린 이곳 마사다를 방문해 외친다고 한다.

"마사다의 치욕을 다시는 되풀이 하지 않으리라! (Never Again Masada!)"

인구가 고작 900만 명인 작은 나라 이스라엘이 아랍 이슬람권 대국들과의 전쟁에서 연전연승하고 맹위를 떨치는 결기는 여기에서 비롯되고 있었다.

또 기원전 701년 이스라엘 히스기야 왕 때 만든 히스기야 터널도 잊을 수 없다. 당시 앗수르(앗시리아) 침공이 임박하자 병사 3천 명을 동원해 정과 끌로 바위산 지하를 533미터나 파서 기혼 샘의 물을 성안으로 끌어들였다. 예루살렘 성의 상수원을 확보하기 위해서였다.

우리 일행이 반바지 차림으로 손전등을 비춰가며 이 터널을 통과한 기억은 전율 그 자체였다. 성인 한 사람이 허리를 굽혀서 겨우 지나갈 정도로 협착한 동굴 터널 밑으로 무릎까지 올라오는 기혼 샘의 물이 흐르고 있었다. 하나님을 섬기는 이스라엘 백성의 놀라운 지혜와 위대한 집념에 감탄하지 않을 수 없었다.

8일간의 이스라엘 순례를 통해 그간 성경에서 배우고 들어 귀에 익숙한 장소와 현장을 눈으로 보고 손으로 만지는 귀한 경험을 했다. 그 감동과 은혜는 평생 잊지 못할 추억으로 남아있다. 나와 아내는 월간『지구촌비전』에 이스라엘 성지순례 후기를 2회에 걸쳐 연재했다.

장차 우리 자녀와 손주들이 우리 부부의 후기를 보며 이스라엘 성지순례를 준비한다면 얼마나 뜻깊은 일이 될까. 할머니 할아버지를 얼마나 자랑스러워할까. 생각하면 가슴이 뿌듯하다. 소천한 아내도 이따금씩『지구촌비전』에 실린 이스라엘 성지순례 후기를 다시 찾아 읽으며 감동에 젖곤 했었다. 아내와 함께한 그 시절이 너무 그립다.

목장 이야기   .

지구촌교회에 등록하고 여의도에서 경기대로 다니다 보니 거리
가 너무 멀었다. 주일 예배를 마치고 근처 부동산 몇군데에 들러
지도를 보며 경기대, 수지 채플, 분당 채플을 쉽게 다닐 수 있는
아파트를 찾았다. 수지 성복동에 그림같이 경치가 아름다운 아
파트가 마음에 들어 즉시 계약했다. 그사이 교회에 정식 등록하
고 목장을 배정받는데, 아직 여의도에 살고 있을 때라 반포자
이 부부 목장으로 연결되었다. 교회 초창기부터 함께 하신 원로
장로님, 권사님을 비롯해 지구촌교회에서 연륜이 오래된 분들이
었다. 우리 부부가 처음 교회에 와서 낯설어할 시기에 목장 식구
들의 따뜻한 보살핌과 배려로 교회에 쉽게 정착할 수 있었다.

　우리가 수지로 이사를 온 뒤에도 고향과 같은 목장을 떠날 수
없어 10년 넘도록 셔틀 목장 생활을 했다. 한 달에 두 번, 각 가
정에서 돌아가며 모임을 했는데 반포와 수지 성복동을 왕복하
며 목장 모임을 이어갔고 내가 목자가 되어 3년을 섬기기도 했
다. 그렇게 자주 모이다 보니 친척들 이상으로 친밀했고 정이 들
었다. 몇 년 전에는 목장에서 미국 서부 여행을 함께 다녀오기도
했다. 목장 식구들과 함께 보낸 시간과 나눔은 평생 잊지 못할
은혜이자 추억이다.

수지에 살면서 목장은 반포로 나가고 교회는 분당 채플로 다니다 보니, 정작 이웃들에게 전도할 기회가 줄어들고 수지 채플에는 아는 분들이 없어 낯설기만 했다. 이제 이웃에 전도하여 동네에 목장을 하나 개척하고 싶은 마음이 들었다. 마침 아파트 단지 주민들 친목 도모를 위해 골프 동호회가 생겨 여기에 가입했다. 새로운 얼굴이 보일 때마다 전도 책자를 나누어 주었다. 책을 읽고 교회에 등록해 새 신자 교육을 받는 분들이 늘어나 자연스럽게 목장이 만들어졌다. 현재 등록 목장원 숫자는 9명이다.

이 모두가 하나님의 인도하심이자 은혜다. 우리가 주님의 눈과 마음으로 주변을 바라보면 사방이 전도의 텃밭이고 어장이다. 반포 목장에서 목자를 하다 내려놓았는데 새 식구들을 돌봐야 하니 다시 목자를 맡았다. 목장 이름은 내 신앙수필 제목 '은혜의 바다로'를 사용하고 있다. 부족한 평신도를 통해 교회에 연결된 목장 가족들이 믿음의 장성한 분량으로 성장하여 우리 주님께서 펼쳐주신 은혜의 바다로 맘껏 노 저어 나가길 소망한다.

우리가 무슨 일을 하든지 주께 하듯 하고 또 그분의 영광을 먼저 구해야 함을 깨우치게 되었다. 이 일이 계기가 되어 그간 골프를 안 치던 아내도 골프를 시작했다. 골프가 전도에 유용한 마당이 될 수 있다고 생각한 것이다.

그런즉 너희가 먹든지 마시든지 무엇을 하든지

다 하나님의 영광을 위하여 하라

고린도전서 10장 31절

교도소 사역 : 담 안의 죄인 담 밖의 죄인

앞서 말한 대로, 여주 소망교도소를 섬기는 목사님으로부터 내
전도 책자가 재소자 전도에 도움이 될 것 같다는 연락을 받고
400권을 기증했다. 이 일이 계기가 되어 우리 부부는 재소자 교
육을 담당하는 교사로 섬기게 되었다. 매주 금요일 오전 9시부
터 오후 3시까지 여섯 시간을 재소자들과 함께 지내며 예배 인
도, 말씀 증거, 신앙상담을 통해 교화시키는 사역이다. 육중한
이중 철제문을 통과해 강당에 들어가니 푸른 죄수복에 까까머리
를 한 50여 명의 재소자가 명찰 대신 수인번호를 가슴에 달고 의
자에 앉아 있었다. 평소 느긋한 아내였지만 이색적인 환경에 바
짝 긴장하는 모습이었다.

단체 예배가 끝나고 분반 공부가 시작되었다. 교사 한 명당
열 명 정도의 재소자를 맡아야 했는데 나와 아내는 한 팀이 되어

교육 공과 프로그램을 진행했다. 배정된 재소자들의 인적 사항에는 폭력, 사기, 성범죄, 절도 등 다양한 범죄 기록이 적혀있었다. 자기소개 시간을 주자 거침없이 자신들의 범죄사실을 마치 자랑이라도 하듯 이야기하는 모습에 당황했다. 나는 교도소 다녀온 이력을 왜 '별을 달았다'고 하는지 그 이유를 알았다. 재소자들 사이에서는 누가 별을 많이 달았는지 누가 더 흉악한 범죄를 저질렀는지에 따라 급수가 매겨지는 분위기가 있었다. 그래서 자신들의 범죄사실을 다소 과장되게 떠드는 것이다.

자신들이 죄인이라고 자백하는 이들의 모습을 지켜보며 우리 부부는 오히려 '순수함'을 느꼈고 전도의 가능성도 엿보았다. 한 가지 공통점은 대부분 결손 가정 출신이고 이런저런 모양의 상처를 간직한 사람들이었다. 그리고 그 상처를 가족, 자녀들에게 대물림하고 있다는 사실에 힘들어하고 있었다. 처음 대면할 때의 긴장과 경계심이 어느덧 동정과 연민으로 바뀌기 시작했다. 우선 교육생들과 심리적인 거리감을 좁혀야 했기에 이렇게 아이스브레이킹(ice breaking)을 했다.

"여러분들은 교도소 담 안에 있는 죄인이고, 세상 사람들은 담 밖의 죄인입니다. 그리고 이 시간을 섬기는 교사들도 모두 죄인인데 단지 '용서받은 죄인'일 뿐입니다."

순간 교육생들의 표정이 부드러워짐을 느꼈다. 하나님께서 지혜를 주셔서 그들의 닫힌 마음에 물꼬를 터주셨다.

교육프로그램이 진행되면서 회차를 거듭할수록 자신들의 과거를 뉘우치고 새롭게 변화하는 사람들이 하나둘 나오기 시작했다. 그들의 간증을 통해 또 다른 교육생이 변화 받는 복음의 도미노 현장을 지켜보는 것은 가슴 뛰는 기쁨이었다. 반별로 성경암송, 찬양 경연 등의 대회를 통해 선한 경쟁력을 심어주고 그 가치를 깨닫게 해준 것도 큰 보람이었다. 교육 과정을 마치고 소감문을 받아 보니 두세 명을 제외한 나머지 교육생들에게서 현저한 변화를 목격할 수 있었다.

여러 면에서 부족한 평신도 부부의 사역을 통해 놀라운 일을 행하신 하나님께 감사와 영광을 올려드린다. 부디 이 형제들의 마음 밭에 심은 복음의 씨앗이 믿음의 장성한 분량으로 자라나 이웃과 주변에 축복의 통로로 쓰임 받을 수 있기를 간절히 기도한다. 매주 금요일 한 시간 20분 거리의 소망교도소로 차를 몰고 아내와 함께 기도하며 찬양하며 다니던 그 시절이 꿈만 같다.

아내의

항암

투병

───

파란 하늘에 날벼락

청천벽력(靑天霹靂), 파란 하늘에 날벼락이었다. 2023년 12월 9일. 미국에 있는 외손주 돌잔치에 가려고 비행기표를 예매해 놓고 출발 일주일 전, 아내가 화장실에 다녀온 뒤 소변 색이 이상하다고 했다. 사실 일주일 전부터 식욕이 떨어져 식사량이 많이 줄어들었다. 뭔가 이상하다는 예감에 단골 내과에 가서 정밀 진단한 결과 췌장의 담도가 막혀 있고 황달 증세에 간 수치가 비정상적으로 높았다. 더욱 충격이었던 것은 췌장에 4cm 정도의 종양이 발견되었고 이미 간에도 여러 곳에 전이 되었다는 사실이었다. 췌장의 머리 부분에 종양이 생기면서 담도가 막혀 황달이 오고 간 수치가 치솟은 것이다. 급히 집에서 가까운 대학병원 응급실에 입원해 막힌 담도 관을 뚫는 스텐트 시술을 했다. 다행히 간 수치가 낮아지고 황달 증세는 완화되었지만, 이미 암이 간으로 전이된 까닭에 췌장암 수술은 불가능하고 대신 항암제를 투여해야 한다는 것이 의사 소견이었다.

그날 이후 기나긴 암과의 전쟁이 시작되었다. 매주 월요일이면 병원에 가서 항암제를 투여하고 매월 CT를 찍어 암의 진전 상태를 확인하는 것이 일상이 되었다. 무엇보다 항암제 부작용으로 아내의 체중이 빠지지 않도록 잘 먹여야 하고, 또 체온이 떨어지지 않도록 몸을 따뜻하게 유지 시켜야 했다. 나와 아들 재영이의 일상도 자연히 아내의 항암과 식단관리 및 돌봄에 맞춰야 했다. 8개월에 걸친 아내의 항암 투병 기간에 나의 컨설팅 사업은 개점휴업 상태였다. 나 혼자서 다 감당하기에 힘이 달리자, 아들이 회사에 재택근무를 신청해 돕기 시작했다.

성 권사 당근 주스, 성 권사 오믈렛

아내가 독한 항암제를 이겨낼 수 있도록 잘 먹여야 했기에 나와 아들이 번갈아 가며 요리를 했다. 우선 아침에 당근과 토마토, 비트를 익혀서 사과, 양배추, 올리브 오일과 함께 믹서에 갈아 항암에 좋다는 걸쭉한 주스를 만들어 먹였다. 맛도 있고 비트가

들어가 색깔도 예쁘다. 고맙게도 아내는 마지막 한 숟가락도 남기지 않고 싹 비웠다.

아내가 이 애피타이저를 즐기는 동안, 나는 열 가지 야채와 과일을 넣은 오믈렛을 만든다. 암에 좋다는 야채와 과일을 한꺼번에 섭취할 방법을 찾다가 내가 개발한 야채 오믈렛이다. 우선 잘 달구어진 프라이팬에 파, 마늘 넣고 기름을 낸 후 토마토, 피망, 양파, 가지, 양송이버섯, 애호박, 당근, 브로콜리, 왕새우 살을 넣고 올리브유를 잔뜩 부어 잘 볶아낸 다음, 넓은 접시에 긴 타원형으로 모양으로 담아 둔다. 다음으로 계란을 깨뜨려 우유와 함께 잘 섞고 후추와 소금, 다진 파, 마늘을 넣고 프라이팬에 얇게 부어 치즈를 뿌리고 약한 불로 익히면 노릇노릇하고 부드러운 오믈렛 외피가 만들어진다. 이 외피를 대접에 담아둔 야채 볶음 위에 펼쳐서 덮어주면 세상 어디에서도 맛볼 수 없는 야채 오믈렛이 완성된다. 올리브유와 신선한 야채, 새우, 치즈가 어울려 우리 집 주방은 마치 어느 레스토랑을 방불케 하는 향기로운 음식 냄새로 진동했다.

"암이 완치되면 당신이 해준 오믈렛 먹고 나았다고 홍보해 줄게! 그러면 당신 오믈렛 대박 날 거예요."

아내가 농담으로 말하면,

"우리 그러면 오믈렛 체인점 내면 노후는 다 해결되겠네."

나도 맞장구를 치며 웃던 기억이 새롭다.

아내는 내가 오믈렛을 만드는 동안 오디오 성경과 새벽 설교를 재생해서 듣곤 했다. 아내가 이 오믈렛을 어찌나 맛있게 먹는지 거의 하루도 거르지 않고 매일 아침 만들어 주었다. 내가 먹어봐도 너무 맛있고 건강 만점의 식단이다.

내가 아침 식단을 책임지면 아들이 양고기 스튜, 카레 라이스, 생선 스테이크 등으로 점심과 저녁을 책임졌다. 또 감사하게도 아내와 교회에서 함께 봉사하던 권사님들이 매주 돌아가며 음식을 한 보따리씩 문 앞에 두고 가셨다. 이 덕분에 아내의 체중이 평소보다 4~5킬로나 늘어 몸에 바지가 맞지 않을 정도였다.

살기 위한 몸부림

체온을 유지하기 위해 거실에 참나무로 된 간이 찜질 사우나 통을 설치했다. 아들 재영이의 아이디어였다. 이 덕분에 암 환자임에도 아내의 손발은 항상 따뜻했다. 또 요즘 유행하는 황톳길 맨발 어싱(Earthing)이 암 치료에 효과가 크다는 소문을 듣고 인근 화훼 농가의 비닐하우스에 공간이 있는지 물색하고 다녔지만 여의찮았다. 추운 겨울이라 가뜩이나 추위를 많이 타는 아내를, 그 것도 맨발로 황톳길을 걷게 할 수는 없는 노릇이었다.

방법을 찾다가 문득 거실 창가에 황톳길을 만들면 좋겠다는 생각이 떠올랐다. 백지에 대충 설계 도면을 그린 후 목공소를 찾아가 길이 5미터 너비 40센티, 높이 30센티의 목함을 주문했다. 목함이 황토의 무게와 압력을 견디도록 일정한 간격으로 칸막이 형 지지대를 내부에 설치했다. 그리고 품질 좋기로 소문난 보령 황토를 20포대 가까이 주문했다. 먼저 목함 내부에 두꺼운 방수 용 비닐을 깔고 황토를 부은 후 중간에 약 3미터짜리 얇은 동판을 펴서 깔았다. 그런 다음 거실 단자함에서 어스선을 찾아 구리 동판에 연결하고 그 위에 다시 황토를 수북하게 부었다. 맨 마지 막에는 굵은 소금 한 포대를 황토와 섞어 맨 상단 층에 뿌려 마무리했다.

이렇게 해서 여러 과학적 원리가 집합된 실내 황톳길 어싱 체험장이 만들어졌다. 궁하면 통하는 법, 주변에 몇몇 전문가의 조언을 받아 불과 보름 만에 만든 작품이다. 아내는 틈만 나면 하루 한두 시간씩 실내 황톳길을 열심히 걸었다. 지금도 거실에 놓여있는 참나무통과 황톳길을 볼 때마다 암을 이겨내려는 아내의 몸부림이 떠올라 가슴이 아프다.

희망 고문

이런 정성과 노력 덕분인지 4차 CT 촬영 결과 아내의 암 크기가
절반 가까이 줄었고 간에 전이된 암 수치도 현저히 낮아졌다. 담
당 주치의도 신기하다는 듯 고무된 표정을 지었다. 우리 가족은
물론 교회의 많은 형제자매, 목사님들의 간절한 중보기도가 계
속되고 있었다. 잘하면 췌장암 4기에서 3기로 스테이지 다운하
여 수술을 통해 암을 극복할 수 있겠다는 기대도 생겼다.

　그러나 안타깝게도 여기까지였다. 8차 항암을 끝내고 CT를
찍었는데, 노력에도 불구하고 암이 줄어들지 않고 오히려 약간
악화되었다. 암세포가 항암제에 내성이 생겨 약이 듣지 않는 것
이다. 더 독한 항암제로 바꾸어 9차 항암에 들어갔다. 이때부터
부작용이 눈에 띄게 나타났다. 손발이 퉁퉁 부어올라 발에 양말
을 신을 수 없는 지경으로 부종이 심해졌다. 아내의 걸음도 불안
정해져서 주변에서 부축을 해주어야 바깥출입을 할 정도였다.

　12차 항암을 마치고 나니 아내가 버틸 수 있는 마지막 임계치
에 도달한 느낌이 들었다. 항암을 중단하고 대체치료나 자연치
료방법을 찾아야겠다고 생각했다. 하지만 담당 주치의 생각은
달랐다.

"이 단계만 넘기면 한결 수월해지니, 힘들더라도 참고 한 번만 더 해 봅시다."

그 말을 믿고 다시 16차 항암에 들어갔다. 그런데 그만 부작용으로 폐부종이 생겨 폐렴이 순식간에 폐 전체로 퍼졌다. 그길로 대학병원 집중치료실에 들어가 산소호흡기에 의존하며 의식마저 흐려졌다.

담당 주치의와 대화하며 알게 된 사실인데, 췌장암 4기의 경우 기대수명이 잘해야 일 년이라는 것이다. 왜 이 사실을 처음부터 알려주지 않고 이렇게 온 가족에게 희망 고문을 시켰는지 화가 날 지경이었다. 어느 종양내과 의사의 이야기가 떠올랐다. 암 환자는 암 그 자체보다 항암제로 죽어간다고, 그래서 자기 가족들에게는 독한 항암제 처방을 망설인다고.

때늦은 후회다. 이 모두 하나님께서 허락하신 일이라고 생각하며 원망을 접기로 했다. 의료파업의 와중에도 그나마 자리를 비우지 않고 끝까지 최선을 다해준 의료진의 수고에 감사를 표한다.

아내의 십자가 넘어 예수를 보다

아내가 췌장암 4기 판정을 받은 날부터 소천한 2024년 8월7일까지 만 8개월 동안 나의 시계는 멈춰 섰다. 테헤란로 사무실도 개점휴업 상태가 되었다. 대신 하루가 멀다고 분당서울대병원을 드나들고 약국을 드나들고 아내 대신 주방을 책임져야 하기에 마트를 드나들고 하면서 정신없이 보내야 했다. 운명의 쓰나미가 나의 삶을 송두리째 집어삼키고 있었다. 내가 힘든 것은 견딜 수 있지만 연약한 아내가 앞으로 감당해야 할, 넘어야 할 가파른 항암의 언덕을 생각하니 억장이 무너졌다.

아내가 교회 목장 식구들의 위로와 격려 편지에 다음과 같이 답글을 올렸다.

"기도에 감사드려요!
오직 주님만 바라보며 항암의 가파른 언덕을 올라가렵니다."

이 편지를 보고 나니 아내가 가냘픈 팔뚝으로 절벽에 매달려 발버둥 치는 모습이 자꾸 연상되어 마음이 무척 아팠다.
천사처럼 착하게만 살아온 사람, 소문난 효부요 현모양처요

충실한 내 믿음의 동역자인 아내가 홀로 짊어지기에는 너무 가혹한 십자가였다. 주님께서 골고다 언덕을 향해 비아돌로로사 언덕을 비틀거리며 오르는 모습이 자꾸 아내와 겹쳐 보였다. 내가 구레네 시몬이 되어, 할 수만 있다면 백 번이라도 아내의 십자가를 대신 지고 싶은 마음이 굴뚝 같았다.

마땅히 소리 내 울 곳도 없어 달리는 자동차 안에서 울부짖으며 기도했다. 아내를 불쌍히 여겨 달라고! 고쳐 달라고! 살려 달라고! 이 모든 것이 혹시 내 탓인가 하는 자책감! 좀 더 따뜻하게 잘해줄걸, 좀 더 마음 편하게 해줄걸, 좀 더 좋은 음식 먹이고, 좀 더 여행도 자주 시켜줄걸! 끝도 없이 이어지는 후회와 회한에 내 가슴이 아프고 시리다.

불쌍하고 가여운 천사여!
이렇게 무너지면 나 혼자 그 죄책감을 어찌 감당하라고!

창자가 끊어질 만큼 마음이 아파, 거의 실성한 사람처럼 한참을 울부짖었다. 그때 고요한 예수님의 음성이 내 마음속에 환청처럼 들려왔다.
"많이 아프지! 네 아내의 십자가 너머 나를 보렴. 네가 아파하는 아내의 십자가는 내가 졌던 십자가의 그림자란다. 네가 아내를 위하여 우는 만큼 너는 나를 위하여 그렇게 울어본 적이 있니?"

너무도 또렷한 예수님의 음성에 나는 그만 울음을 뚝 그칠 수밖에 없었다. 순간 귓속에 이명이 울리듯 정신이 아득해졌다.

주님 죄송합니다! 말로만 주님을 사랑한다고 했지,
주님이 겪으신 십자가의 모진 고난에 대해
이렇게까지 아파해 본 적은 없습니다.
주님! 제 위선과 이기심을 회개합니다. 용서해 주세요!

겨울비가 스산하게 내리던 1월 어느 날, 동부간선도로를 달리다가 일어난 일이다. 아내의 췌장암 발병은 내가 잘 모르는 하나님의 어떤 섭리와 관련되어 있음을 나는 직감했다. 그날 이후 나는 아내에 관해 원망하지도, 왜냐고 따지지도 않기로 하였다. 지금까지 나와 동행 하시며 선한 손길로 인도해 주신 하나님께서 그분의 선하신 뜻 가운데 아내와 나의 미래도 인도해 주실 줄 믿고 순종하기로 했다. 마음이 훨씬 편해지고 의연해졌다.

내 영혼의 항암치료

아내가 총 16차에 걸친 항암치료를 받는 동안, 나는 나대로 영적인 항암치료를 받고 있었다. 아내가 항암제를 투여받는 동안 나는 아내 옆을 지키며 그동안 내 영혼에 깃들어 있던 '악'과 '독'이라는 영적인 암과 싸워야 했다.

27세에 예수님을 인격적으로 만나 구원을 받은 이후 내 영혼에 사무치는 감사와 기쁨이 충만했다. 말씀을 통해 매일 만나처럼 주어지는 은혜는 감당하기 벅찬 축복이었다. 이대로 그냥 주님을 만났으면 좋겠다는 마음에 "마라나타! 주 예수여 어서 오시옵소서"를 입에 달고 살던 그 시절의 맑은 영혼과 순수했던 신앙 열정을 상실하고 살아왔음을 회개한다.

무엇보다도 말씀을 꿀송이같이 사모하며 날마다 하나님과 깊이 동행하던 그 믿음이 엷어졌음을 실토한다. 주님께서 이 죄인을 구원해 주신 그 사랑과 은혜를 입으로만 떠들었을 뿐 내 가슴 깊은 울림으로 공명하지 못했고, 내 영혼은 세파에 오염되어 순수함을 잃었다.

찬양을 부를 때마다 그 가사에 몰입해 목이 메어 부르던 시절이 그립다. 바보가 된 듯 늘 울보가 되어 손수건이 젖어 있던 촉촉한 믿음은 어디 가고 메마른 믿음 생활을 해 온 것이 후회스럽기만 하다. 주님의 사랑과 그 은혜에 겨워 자원하는 마음으로 교회와 목장을 섬겨왔는지 되돌아본다. 주님의 사랑으로 아내와 자녀들을 자애롭게 대하지 못했음을 회개한다. 마음을 다하고 뜻을 다하고 정성을 다해 이웃을 섬기고 기도와 간구를 해왔는지 되돌아본다. "네 이웃을 네 몸과 같이 사랑하라"고 하신 명령에 불순종했음을 회개한다.

이 모두가 내 영혼에 깃든 암세포 들이다. 성령의 아홉 가지 열매, 믿음의 여덟 단계가 내 삶에 정착되지 못했음도 회개한다. 무엇보다 사랑의 배필로 주신 아내를, 나보다 더 약한 그릇이요 생명의 은혜를 함께 받을 자로 알아 귀히 여기지 못했고, 그리스도가 교회를 사랑하듯 내 목숨을 바쳐 아내를 사랑하지 못했음도 회개한다.

항암제가 방울방울 아내의 혈관으로 떨어져 스며들 듯,
주님의 십자가 보혈이, 생명수가 방울방울
내 영혼으로 스며들어
내 영혼에 깃든 죄와 악과 독을 소멸해 주소서!
미움과 시기와 질시와 분냄과 자랑과 독선과 오만의 암세포를
제거하여 주소서!

아내의 칭찬에 이끌린 요리훈련

어머님께서 살아생전 해주셨던 반찬 생각이 날 때가 있다. 아내가 어머님 음씩 솜씨를 전수받지 못했기에 내가 기억을 되살려 흉내를 내보곤 했다. 대표적인 것이 가지나물이다. 가지를 길게 반으로 쪼개서 찜 냄비에 넣고 증기로 찐 다음 찬물에 담가 식힌다. 가늘게 찢어 간장으로 양념하고 다진 마늘, 파, 올리고당, 참기름을 넣고 손으로 잘 버무린 다음 깨소금을 뿌리면 맛있는 가지나물이 완성된다. 아내가 엄청 맛있게 잘 먹으며 엄지척해준다.

또 다른 메뉴는 시금치 무침이다. 뿌리가 빨간 시금치나 섬초를 끓는 물에 굵은 소금 한 숟가락 넣고 살짝 삶아 건져낸다. 물기를 잘 짜서 고추장, 마늘, 다진 파, 올리고당, 식초, 참기름 넣고 잘 버무리면 맛있는 시금치나물이 된다. 이 역시 아내가 무척 좋아하는 메뉴다.

다음으로 꽈리고추 나물. 꽈리고추를 잘 씻은 후 포크로 찔러 구멍을 낸 후 밀가루를 입혀 찜 냄비에 익힌 다음, 마늘, 간장, 고춧가루로 버무리면 군침 도는 꽈리고추 나물이 탄생한다.

명절에 해주시던 어머님의 동태전도 일품이다. 간장, 다진 마늘, 다진 파, 참기름, 물을 넣고 짜지 않게 양념간장을 만들어 동태살에 골고루 끼얹어 주고 밤새 숙성을 시킨다. 그리고 밀가루와 계란을 입혀 약한 불로 프라이팬에 노릇노릇하게 부쳐내면 기가 막힌 동태전이 완성된다. 핵심은 밤새 양념간장에 숙성시켜 양념이 살에 잘 스며들어야 입에 살살 녹는 동태전이 된다.

아내는 이 외에도 쑥갓무침, 상추 겉절이 등 내가 복기해 낸 어머님 요리를 '원더풀' 하며 잘 먹는다. 극히 흔한 식재료에 너무도 평범한 양념들인데 어머님이 해주시면 왜 그렇게 맛이 있었는지 모르겠다. 아마도 사랑과 정성이 손끝의 기를 통해 음식에 전해지는 게 아닐까! 어머님 손맛의 비결은 사랑이다.

"최 서방! 생선조림 해주세요, 대구 스테이크 먹고 싶어요, 닭 볶음탕 해주세요!"

채식주의자에 가까운 아내가 이렇게 말하며 메뉴를 넓혀 갔다. 내가 요리를 해주면 아내가 아주 잘 먹는다. 내가 먹어봐도 맛있다. 칭찬은 고래도 춤추게 한다고 나는 아내의 칭찬에 이끌려 웬만한 요리는 쉽게 뚝딱할 수 있는 요리사가 되고 있었다.

지난해 아내가 췌장암 진단을 받고서야 나는 왜 아내가 나에게 요리 훈련을 시켰는지 그 뜻을 깨달았다. 마치 자신의 미래를 알기라도 한 것처럼 나에게 홀로서기 훈련을 시켜왔다고 생각하니 왈칵 눈물이 나왔다.

아내의 빈 자리, 있을 때 잘해!

늘 당연히 있어야 할 자리에 아내가 없다는 사실이 낯설기만 하다. 침대 옆자리, 자동차 조수석, 사무실의 아내 의자, 교회에서 예배드릴 때 나란히 앉곤 했던 자리, 식탁의 아내 자리, 아침 출근할 때 내 뒷머리를 단정히 빗질해 준 아내의 손길. 그 빈 공간들이 어색하고 당황스럽다. 불과 얼마 전만 해도 너무나 당연히 누려온 일상이었는데 아내가 떠나고 나니 그 모든 것들이 아주 특별한 혜택이었음을 깨우치게 되었다. 너무도 소중한 순간들이었다.

이럴 줄 알았더라면, 시간을 되돌릴 수만 있다면, 함께 하던 순간들에 더 감사하고 더 사랑하고 더 베풀고 더 품어줄 것을, 더 귀히 여기고 더 존중해 줄 것을! 왜 그다지도 인색하게 속 좁게 때론 거칠게 또 무례하게 대했는지 후회가 된다. 김재식 님의 '곁에 있을 때 잘해'라는 글이 떠오른다.

있을 때 잘해라
연애를 하면서
익숙해지면 행복을 잊고 산다

같이 걷는 것
같이 밥 먹는 것

그 사람이 편해지면
더 존중하고 사랑해라

그 사람이 없어지고
술과 눈물로 하루하루 버티지 말고
있을 때 잘해라

『사랑할 때 알아야 할 것들』 중

그렇다. 소중한 것들은 그 빈자리에서 진정한 가치를 느끼게
된다. 엄마 품을 맘껏 누리던 아이가 잠에서 깨어 옆에 엄마가
없음을 알고 허전함에 울음을 터뜨리듯 말이다. 인생에는 연습
이 없다. 지나고 나서 후회해 본들 과거를 돌이켜 새롭게 할 수
없다. 그래서 주어진 지금 이 순간 너무도 당연히 누리고 있는
나의 일상을 뜨겁게 사랑하고 감사하고 소중히 여겨야 한다. 특
히 하나님께서 배필 삼아 주시고 부부의 연을 맺어주신 아내를,
남편을 특별한 선물로 알아 귀히 여겨야 한다. 영원할 것만 같던

일상도 찰나의 기억으로, 물거품같이 사라질 수 있음을 기억해
야 한다.

남편들아 이와 같이 지식을 따라 너희 아내와 동거하고
그를 더 연약한 그릇이요 또 생명의 은혜를 함께 이어받을 자로
알아 귀히 여기라 이는 너희 기도가 막히지 아니하게 하려 함이라
베드로전서 3장 7절

나는 아내의 빈자리가 느껴질 때마다 때늦은 감사와 사랑의
메시지를 전한다. 아내의 체취가 밴 침대 빈자리에, 자동차 옆자
리에, 늘 앉던 식탁에, 사무실 빈 의자에 자주 앉아 보며 아내에
게 철 지난, 빛바랜 사랑의 세레나데를 부르곤 한다. 당신은 내
곁을 떠났지만 나는 여전히 당신을 붙들고 있다고, 간절히 사랑
하고 있다고! 그래서 아내의 빈자리는 우리 둘의 영혼이 만나 못
다 한 대화와 사랑을 나누는 밀회의 장소다.

그래서인지 아내의 빈 자리가 덜 허전하고 덜 외롭고 덜 초라
하다. 살아생전 그랬듯이, 이제는 아내와 영혼의 대화를 나누는
것이 일상이 되어 간다. 예배를 드리거나 성경 말씀, 찬송을 들
을 때에도 전도할 때도 마치 아내가 옆에 있는 것처럼 은혜를 함
께 나눈다. 비즈니스 미팅을 하거나 사람들과 만남의 시간에도

잠시 잠시 아내와 교감을 한다. 영화를 보거나 골프를 칠 때도 아내와 감동과 기쁨을 공유할 수 있어 감사하다. 아내와의 영혼의 교제를 통해, 바꿀 수 없는 우리의 과거를 아름답게 치유하고 회복하고 은혜롭게 승화시킬 지혜를 주신 하나님께 감사드린다.

이
별

산통(birth pain), 사통(death pain)

아내가 대학병원 집중치료실에 입원한 지 2주가 되었다. 항암치료 과정에서 면역력이 떨어지며 순식간에 폐렴 증세가 폐 전체로 퍼졌다. 산소포화도가 낮아 이제 코에 호흡기를 꽂고 지내야 한다. 날이 갈수록 의식도 흐려져 꿈을 꾸듯 자주 헛소리를 한다. 그리고 내 눈에는 안 보이는데 무언가 헛것을 보고 있는 듯, 이따금 천정을 바라보며 손짓한다. 간신히 아직 내 이름을 기억하고 내가 누구냐 물으면 꺼져가는 목소리로 '남편'이라고 겨우 대답한다. 이 추세면 아내가 오래 버티지 못할 것 같다.

이제 임종을 준비해야 할 상황이 되어 용인의 '샘물 호스피스' 병원으로 옮겼다. 나와 아들이 하루씩 교대로 병실에 머물러 아내 곁을 지켰다. 이제는 눈조차 뜨지 못하고 호흡은 점차 거칠어졌다. 항암치료를 중단한 탓인지 통증도 주기적으로 찾아왔다. 네 시간 간격으로 진통제를 놓고 수면유도제를 놓아 아내의 고통을 줄여주는 것이 유일한 처방이었다. 특히 호흡이 목구멍(기도)에 간신히 걸려 위태롭게 유지되고 있었다. 이제는 고통 없이 주님 품에 안기게 해달라는 기도 밖에 나오지 않았다.

아기가 엄마 뱃속에서는 탯줄을 통해 배꼽 호흡을 하고 태어나 탯줄을 자르면 비로소 가슴(폐)호흡을 하게 되고 임종 시에는 목구멍 호흡을 하다가 생을 마감한다. 하나님께서는 인생을 한 뼘 길이 만큼 되게 하셨는데 그 거리는 바로 가슴과 목구멍 사이의 거리인 셈이다.

주께서 나의 날을 한 뼘 길이 만큼 되게 하시매
나의 일생이 주 앞에는 없는 것 같사오니
사람은 그가 든든히 서 있는 때에도
진실로 모두가 허사뿐이니이다
시편 39편 5절

아내를 지켜보며 문득 이러한 의문이 들었다. 왜 하나님께서는 인간이 태어날 때 산통(birth pain)을 주시고 임종할 때 사통

(death pain)을 주실까? 인간은 고통 중에 태어나 고통 중에 삶을 마감하는 존재인가? 성경 창세기에는 아담과 하와가 선악과를 따 먹은 이후 그들의 영혼에 사망이 임했고 또 하와에게 해산의 고통을 주셨다고 기록되어 있다. 죄지은 인간이 흠 없는 하나님의 자녀로 다시 태어나기 위해서는 엄청난 해산의 수고가 따른다는 사실을, 하나님은 산통을 통해 우리에게 깨우쳐 주신다.

또 죽음의 고통을 겪으며 영원한 생명을 잃어버린 대가가 얼마나 큰 고통인지 알게 하신다. 예수님께서 몸소 겪으신 골고다 십자가의 고난은 인간의 죄로 인한 '죽음의 고통'과 인간의 구원을 위한 '해산의 수고'를 동시에 보여준다. 눈앞에서 아내의 사통(死痛)을 지켜보며, 사랑하는 아내가 이제는 죽음도 없고 아픔도 없고 눈물도 없는 낙원에서 평안과 영생을 누리길 간절히 기도한다!

아내의 섬망(譫妄)을 통해 영계(靈界)를 보다

아내는 코에 산소호흡기를 달고서도 호흡이 거칠어지기 시작했다. 점차 임종이 가까워지는 것을 느낄 수 있었다. 의식이 흐려

지며 헛것을 보는 섬망증세가 심해졌다. 우리가 못 보는 무엇인가를 보는 것 같았다. 임종이 임박하면 이렇듯 헛것을 보고 헛소리를 하는 증상이 나타난다고 한다.

우리의 영혼이 육체를 벗어나는 것을 유체이탈이라고 한다. 점차 아내의 영혼이 아내의 육체를 벗어날 준비를 하는 것 같았다. 그러면서 아내의 영안(靈眼)이 열려 여태껏 못 보았던 사후 세계의 모습이 보이는 것이 아닌가 생각해 보았다. 나는 아내가 헛것을 보는 것이 아니라 내가 못 보는 것을 보고 있다는 생각이 들었다. 하루는 아내의 눈동자 동공이 심하게 흔들리며 바짝 긴장했다. 내가 손을 잡아주며 물었다.

"여보, 어디 불편해요?"

아내는 꺼져가는 목소리로 말한다.

"여보! 죄짓고 살면 큰일 나겠어요."

무슨 일이냐고 물어도 더는 대답이 없다.

다른 세계를 보는 사람같이 혼잣말을 자주 중얼거린다. 마치 수명이 다된 전구처럼 아내의 의식이 왔다 갔다 한다. 마침 미국에서 딸과 사위, 손주 다니엘이 엄마의 임종을 지켜보기 위해 왔다. 감사하게도 가족들과 상봉할 때는 그나마 의식이 돌아와 딸,

사위, 아들과 마지막 인사를 할 수 있었다. 20개월 된 손주 다니엘의 손도 만져보며 미소 지었다. 나는 면회 시간 내내 아내의 손을 맞잡았다. 아직 체온이 남아있을 때 아내와 마지막 스킨십을 하고 싶었다. 마주친 아내의 눈동자에 눈물이 맺혔다.

'고마워요, 여보! 감사했어요!'

이것이 아내의 마지막 인사였다.

성경에서 사후 세계에 대해 비교적 소상하게 기록한 곳이 누가복음 16장, '부자와 나사로' 이야기다. 한 부자가 자색 옷을 입고 호화롭게 즐기며 사는데 '나사로'라는 이름을 가진 거지가 그 집 대문 앞에 버려진 채 부자의 상에서 버려지는 음식 부스러기로 허기를 달래고 살았다. 세월이 흘러 부자도 죽고 나사로도 죽어 사후 세계에 들어가는 모습이 상세히 기록되어 있다. 나사로는 죽어 천사들에게 받들려 낙원(paradise)으로 들어가 아브라함의 품에서 안식하는 반면, 부자는 죽어 뜨거운 불길이 이글대는 음부(hades)로 들어가 불꽃 가운데 신음한다.

이에 부자가 아브라함에게 나사로를 자기한테 보내 손가락에 물을 찍어 자기의 혀를 서늘하게 적셔 달라고 간청한다. 이에 아브라함이 대답한다.

"너는 살았을 때 좋은 것을 받았고 나사로는 고난을 받았으니, 이제 거꾸로 나사로는 낙원에서 위로받고 너는 음부 가운데 괴로움을 받느니라."

"그뿐 아니라 너희와 우리 사이에는 큰 구렁텅이가 놓여있어서 여기서 너희에게 건너가고자 하되 갈 수 없고 거기서 우리에게 건너올 수도 없게 하였느니라."

이에 부자가 아브라함에게 간청한다.

"그러면 나사로를 내 아버지의 집에 보내소서. 내 형제 다섯이 있으니, 그들에게 증언하게 하여 그들로 이 고통 받는 곳에 오지 않게 하소서."

이렇게 사후 세계의 모습이 생생하게 묘사되고 있다. 부자는 세상에 남아있는 자기 형제들에게 죽어서 절대 이 음부로 들어오면 안 된다는 전갈을 보내고 싶어 애가 타지만, 나가서 전해줄 방법도 없다. 살아있을 때 하나님을 믿고 구원받아야지 죽은 이후에는 아무 소용이 없다는 것을 분명히 보여주는 메시지다.

우리가 이 땅에 살아있는 동안 복음을 듣고 믿어 예수그리스도를 구원자로 영접하는 일은 우리의 영원한 미래를 바꾸는 엄청난 선택이요 축복이 아닐 수 없다.

사랑하는 가족들, 친지들이 사후 세계에서 '낙원'과 '음부'로 나뉘어 서로를 멀리서 바라보는 장면을 연상해 보자. 특히 하나님을 믿으라고 그렇게 전도했는데도 끝내 거부하고 음부에서 불꽃 가운데 신음하는 가족, 친지, 이웃의 모습을 멀리서 지켜보아야 한다면 안타까운 일이다. 하나님을 믿고 안 믿고는 나의 '자유의지'에 국한되는 단순한 문제가 아니다. 나의 영혼이 마주할 영원한 운명에 관한 중차대한 선택이다.

너희는 여호와를 만날 만한 때에 찾으라
가까이 계실 때에 그를 부르라
악인은 그의 길을 불의한 자는 그의 생각을
버리고 여호와께로 돌아오라 그리하면
그가 긍휼히 여기시리라 우리 하나님께로 돌아오라
그가 너그럽게 용서하시리라
이사야 55장 6~7절

물론 '모든 부자는 악하고 모든 거지는 착하다'는 의미가 아니다. 부자는 자기가 모든 것을 가졌다고 믿기에 하나님의 소유를 인정하지 않는 불신자를 대변한다. 반면 '나사로'는 그 이름이 의미하듯 '하나님만이 나의 위로자'라는 믿음을 가진 사람이다. 자신의 모든 것이 다 하나님 소유임을 인정하고 나면 자신은 거지기 때문에 '하나님만이 나의 위로자'라고 고백하는 믿음의 사람이 바로 나사로다. 성경은 믿음의 사람이 죽으면 낙원에, 불신자가 죽으면 음부로 간다고 밝히 말하고 있다.

사람이 죽는 것을 영어로 'pass away'라고 한다. 나그네와 행인처럼 이 세상 여행을 마치고 스쳐 지나가듯 멀리 사라진다는 뜻이다. 우리말 '돌아가셨다'는 표현은 원래 온 곳으로 유턴하여 되돌아갔다는 뜻인데 둘 다 매우 성경적인 표현이다. 성경 전도서를 기록한 기자는 다음과 같이 노래한다.

흙(육신)은 여전히 땅으로 돌아가고
영은 그것을 주신 하나님께로 돌아가기 전에 기억하라
전도서 12장 7절

예수님께서 십자가에 달리셨을 때 옆에 매달린 한 강도가 "예수여 당신의 나라에 임하실 때 나를 기억하소서"(누가복음 23장 42절)하자 "네가 오늘 나와 함께 낙원에 있으리라"(누가복음 23장 43절)고 말씀하셨다. 여기에서 유추하면, 예수를 믿어 구원받고 죽는 사람의 영혼은 천국 대기소인 '낙원'으로 들어가 안식을 취하는 반면 예수를 믿지 않아 구원받지 못한 사람의 영혼은 지옥 대기소인 '음부'에 들어가 불꽃 가운데 신음하는 것으로 보아야 한다.

그리고 낙원과 음부 사이에는 그랜드캐니언과 같은 큰 구렁텅이 (chasm)가 있어서 서로 영원히 건너갈 수도 없다. 죽음 이후에는 영생(永生)과 영벌(永罰)의 무서운 심판이 기다리고 있음을 성경은 경고한다.

한 번 죽는 것은 사람에게 정해진 것이요
그 후에는 심판이 있으리니
히브리서 9장 27절

아내의 섬망을 통해 지금 아내의 눈에 사후의 영계(靈界)가 보인다는 것을 알게 되었다. 어쩌면 낙원과 음부의 모습을 보고 있는 것이 아닐까? 그래서 "여보! 죄짓고 살면 큰일 나겠어요"라고 귀띔해 준 것이 아닐까!

아내는 집중치료실에 20일 정도 머물다가 임종이 임박해 용인의 샘물 호스피스 병원으로 옮겨 닷새 만에 소천했다. 면회가 자유로워 나와 아들이 교대로 24시간 상주했다. 임종 이틀 전 아내가 속한 목장 사역팀 목사님, 권사님들의 기도와 찬양 가운데 임종 예배를 드릴 수 있었고 하루 전에는 우리 부부가 속한 목장의 목사님이 임종 기도를 해 주셨다.

다음 날 아내의 표정이 너무도 평화로운 가운데 평소처럼 천사 같은 얼굴로 하나님의 부르심을 받고 소천하였다. 은혜 가운데 아내가 하늘나라로 떠날 수 있어서 감사하게 생각한다. 사랑하는 지체들을 통해 때를 따라 도우시는 하나님의 은혜에 깊이 감사드린다.

지금은 아브라함의 품에 안긴 나사로처럼 그렇게 사모하던 하나님 아버지 품에서 안긴 채, 천사들의 찬양이 배경음악으로 흐르고, 생명나무가 즐비한 생명 시냇가에서 자유와 평안과 기쁨을 맘껏 누리고 있으리라. 주여! 사랑하는 아내의 영혼을 긍휼히 여기시고 축복하여 주소서.

못다 한 사랑 노래

사랑하는 여보야! 보고 싶은 사람아!

불러도 대답 없는 무심한 사람아!

당신의 영정사진을 침대 머리에 두고 아침저녁으로 눈인사하건만 당신은 곱디고운 미소로 그냥 웃기만 하네요. 이 천사 같은 사람아! 당신이 했던 약속 "후일에 당신이 이 세상 떠나면 난 뒷정리하고 한 달 뒤에 당신 따라서갈게!", 그 약속은 영영 공수

표가 되나요! 나를 안심시켜 놓고 자기만 속도 위반해서 먼저 가버리면 어떻게 해요. 언젠가 다시 만날 약속이 있다고 믿지만 그 시간이 10년이 될지, 20년이 될지, 아니면 30년이 될지 알 수 없는데 그 긴 시간을 짝 잃은 외기러기로 살아갈 남편이 불쌍하다는 생각은 안 해 보았어요! 너무 가혹하지 않나요! 이 깍쟁이 같은 야속한 사람아! 마치 나 몰래 숨겨둔 연인이라도 있는 듯 야반도주를 하면 어떻게 해요! 물론 당신이 그토록 사모하는 우리 주님 품으로 갔다고 안위해 보지만 그래도 돌아서면 아쉽고 안타깝고 미치도록 보고 싶은 마음 어쩌지요!

하루에도 몇 번씩, 마치 조현병 환자처럼 내 마음의 변덕이 죽 끓듯 하는데, 솔직히 내 마음 나도 모르겠어요. 이 트라우마가 언제까지 갈지. 지난 8개월 평생 울어버릴 눈물 다 흘려 눈물샘이 말랐다고 생각했는데 젖은 수건 짜듯 숨겨둔 눈물은 마를 줄 모르고 계속 나오니 신기할 뿐입니다. 아마도 이 눈물이 내 영혼에 깃든 '악'을 씻어내고 '독'을 중화시키는 영혼의 해독제 같다는 생각도 들어요.

실컷 울고 나면 가슴에 맺힌 응어리가 다 풀어져 내리는 카타르시스 작용도 하고요. 어쨌든 당신이 나를 바꾸었다는 사실에 감사해요. 딱딱하고 건조한 사람을 좀 더 부드럽고 좀 더 따뜻한, 눈물 많은 사람으로 바꾸어 놓고 있음에 나도 놀라고 있어요. 그런 점에서 당신은 기적을 만드는 사람(miracle maker)입니다. 감사하고 사랑해요. 여보!

우연이 아니고 섭리입니다

나와 번갈아 가며 아내 병간호 겸 식사를 담당하던 아들이 물었다.

"아빠, 엄마는 친할머니뿐만 아니라 외할아버지, 외할머니에게도 효도했잖아요. 성경 말씀에 부모를 공경하는 사람은 땅에서도 잘되고 오래 산다고 했으니, 엄마도 하나님께서 지켜주시지 않겠어요!"

나는 아들에게 대답했다.

"하나님은 신실하신 분이셔서 약속을 쉽게 바꾸지 않으셔!"

너는 네 하나님 여호와께서 명령한 대로 네 부모를 공경하라
그리하면 네 하나님 여호와가 네게 준 땅에서
네 생명이 길고 복을 누리리라
신명기 5장 16절

네 아버지와 네 어머니를 공경하라

이것은 약속이 있는 첫 계명이니

이로써 네가 잘되고 땅에서 장수하리라

에베소서 6장 2~3절

그러나 아내는 성경 말씀과 달리 췌장암 진단 후 8개월 만에 66세의 나이로 이 세상을 떠났다. 둘째 며느리임에도 신혼 초부터 30년 이상 시어머니를 지극정성으로 모셨고 장녀로서 친정 부모님들을 살뜰하게 보살폈다. 어머님은 주변에 며느리 칭찬에 바쁘셨다. 아내는 마치 물이 어느 그릇에든 그 모양에 맞추어 담기듯 그런 성품의 소유자였다. 그렇다고 물의 성분이 달라지지 않듯 자신의 주관이나 소신이 있음에도, 남들에게 온유하고 평온했다. 주변 사람들로부터 '천사' 같다는 칭찬을 듣는 것도 이 때문이리라.

아내가 소천한 이후, 아들의 질문이 귓전에 맴돌았다. "네가 땅에서 잘되고 장수하리라….."

자칫 "하나님이 살아 계시면 왜 이런 일이 생기나요?"라는 신정론(神正論)적 질문이 될 수도 있기 때문이다. 나는 욥의 환란과 그를 위로하기 위해 찾아온 세 친구의 대화를 떠 올려 보았다.

네가 의로운들 하나님께 무엇을 드리겠으며
그가 그대의 손에서 무엇을 받으시겠느냐
욥기 35장 7절

그렇다! 우리는 신앙생활 가운데 자칫 하나님과 거래하려는
기복적 믿음의 함정에 빠지기 쉽다. "내가 이만큼 봉사하고 헌신
했으면 하나님께서 상을 주시겠지! 내가 이 정도로 착하게 살면
하나님이 알아주시겠지!" 그러나 하나님께서 우리를 보시는 기
준은 다르다. 그리고 하나님의 상벌에 대한 우리 나름의 평가도
위험할 수 있다.

우리는 종종 하나님을 섬기는 가정들이 독실한 믿음의 사람들
조차 전혀 이해할 수 없는 사건, 사고에 휩쓸려 고난을 겪는 경
우를 목격한다. 이때 제일 먼저 떠올리는 생각은 "왜 하나님이
안 도우시지? 혹시 숨겨진 죄 때문이 아닐까?" 하는 얕은 의심
이다. 남의 아픔에 대해 동정하고 연민하기보다 함부로 정죄하
는 죄를 짓는 것이다. 그러나 하나님의 생각은 우리 생각과 다르
시고 우리 생각보다 높으시다는 것을 잊지 말아야 한다.

이는 내 생각이 너희의 생각과 다르며….
내 생각은 너희의 생각보다 높음이니라
이사야 55장 8~9절

하나님께서는 때론 우리의 아픔과 고난을 통해 그분의 고귀하신 뜻과 계획을 이루어 나가신다. 환난을 통해 욥을 연단시키시고 하나님의 섭리에 순종하는 사람을 만드신 후, 처음 보다 두 배나 많은 가축과 자녀로 축복하셨다. 예수그리스도의 십자가 고난은 예수 본인에게는 감당하기 힘든 고통이었지만 이를 통해 '인류 구원'이라는 위대한 역사를 이루셨다.

고난은 결코 하나님께 버림받은 결과가 아니다. 우리가 삶 가운데 마주치는 고난을 하나님의 주권적 섭리로 수용하고, 하나님의 선하신 손길에 대해 전적인 믿음으로 순종할 때 하나님께서는 전화위복의 축복을 예비하신다.

그러나 내가 가는 길을 그가 아시나니
그가 나를 단련하신 후 내가 순금같이 나오리라
욥기 23장 10절

우리가 알거니와 하나님을 사랑하는 자
곧 그의 뜻대로 부르심을 입은 자들에게는
모든 것이 합력하여 선을 이루느니라
로마서 8장 28절

누가 이 사람을 모르시나요!

지난 1983년 KBS의 이산가족 찾기 캠페인이 장장 138일간 특별 생방송으로 진행되었다. 이때 전 국민의 가슴을 울렸던 주제곡이 '누가 이 사람을 모르시나요'였다. 박춘석 작곡, 한운사 작사, 가수 곽옥순이 부른 이 노래는 당시 국민가요가 되다시피 했다.

누가 이 사람을 모르시나요
얌전한 몸매에 빛나는 눈
고운 마음씨는 달덩이같이
이 세상 끝까지 가겠노라고
나하고 강가에서 맹세를 하던
이 여인을 누가 모르시나요

1950년 6·25 전쟁으로 헤어진 가족의 숫자가 수십만 명에 달한다. 1953년 남과 북을 가로지르는 휴전선이 생기면서 남북으로 흩어진 이산가족들은 만날 기약조차 없이 평생 가슴에 응어리진 한(恨)을 품고 살고 있다. 인도주의 차원에서 최소한 생사만이라도 확인하고 사망하기 전에 화상으로 얼굴만이라도 상봉하자는 취지에서 남북 이산가족 찾기 캠페인이 시작되었다.

남북적십자사에 신청한 인원들의 신상과 주소, 인상착의, 헤어진 장소 등을 대조해 가며 마치 퍼즐 조각 맞추듯 이산가족들을 찾아 상봉시켜주는 장면이 KBS로 생중계되면서 전국이 눈물바다가 되었다. 엄마, 아빠, 남편, 아내, 아들, 딸, 오빠, 동생을 찾고 울부짖는 모습은 이념과 체제를 초월하는 피의 절규였고 위대한 인간드라마였다.

이유가 무엇이든 이별은 가슴 아프다. 피붙이 가족을 병으로, 사고로 떠나보내는 사별(死別)은 마음에 큰 고통을 수반한다. 특히 일심동체이자 촌수도 없는 부부간의 사별은 가슴에 깊은 상처를 남긴다. 사랑하는 아내를 암으로 잃고 나니 새삼 청년 시절 목격했던 이산가족들의 눈물겨운 상봉 장면이 떠오른다. 그동안 얼마나 보고 싶었으면 얼마나 그리웠으면 땅바닥에 드러누워 발버둥 치며 가족들의 이름을 부르다 오열할까!

우리 가족도 뜻하지 않게 이산가족이 되었다. 나는 나의 분신인 아내와 헤어졌고 자녀들은 사랑하는 엄마를 잃었다. 하나님을 믿는 가정이기에 성경에 약속된 대로 천국에서의 재회를 굳게 믿지만, 이 땅에 살아 있는 동안은 다시 만날 기약이 없는 엄연한 이산가족이다. 하나님 품에서 안식을 취하고 있다는 안도감에도 불구하고 보고 싶은 사람을 다시 볼 수 없다는 상실감과 허전함, 그리움은 어쩔 수 없다. 누군가 세월이 약이라고 하지만 그 약은 온전한 치유를 위한 약이 아니라 상처를 그냥 덮어주는 약에 불과하리라.

나도 위 노래의 가사처럼 아내가 머물고 있을 낙원에, 이산가족 화상 상봉을 신청해야겠다.

누가 우리 성연숙 권사를 모르시나요?
얌전하고 우아한 자태에 고운 얼굴,
고운 마음씨를 가진 천사 같은 아내를!
부드러운 믿음의 열정으로 교회와 가정을 섬기고
남편과 변함없이 동역하던 믿음의 동지를!
평신도 자비량 전도사역의 비전을 품고
땅끝까지 함께 가자던 나의 반쪽, 나의 사랑을
누가 아시나요!

종(鐘)은 아파야 깊게 운다

지인 교수님께서, 아내를 떠나보내고 혼자 아파할까 봐 위로와 격려의 문자를 보내셨다. 대학교 경제학과 은사이자 보건복지부

장관을 역임하신 분인데 15년 전 나의 전도로 예수님을 인격적
으로 만나 지구촌교회에서 함께 신앙생활을 하고 계신 분이다.

"성 권사님 간호와 장례에 참으로 애쓰셨습니다.
무어라 어떻게 위로를 드려야 할지 모르겠습니다.
평생에 딱 한 번 겪을 큰일인지라….
이제는 최 장로님 자신을 잘 챙기시고 돌 볼 때입니다.
대단한 신앙심으로 잘 추스르시고, 주님께 간구하여
축복의 응답을 받으시기 바랍니다.
나의 기도발이 약하지만 장로님 위해 기도하겠습니다.
끼니 거르지 마시고 잘 챙겨드세요.
성 권사님의 소천에 주님의 위로가 함께 하시길 기도합니다."

나는 교수님께 문자로 다음과 같이 답신을 드렸다.

"교수님의 기도와 위로에 깊이 감사드립니다.
성 권사의 빈자리를 하나님으로 채워나가겠습니다.
종(鐘)은 아프게 맞아야 더욱 깊게 울 듯
하나님께서 제 가장 아픈 곳을 쳐서 저를 울리시나 봅니다.
제 아픔이 하나님께 영광이 된다면 기꺼이 순종하겠습니다."

가끔 오케스트라 연주에 가보면 온갖 화려한 악기들 뒤에 숨어 있는 악기들이 드럼과 같은 타악기들이다. 타악기들은 맞아야 소리를 내는 공통점을 지닌다. 고즈넉한 산사의 종소리, 징과 같은 악기들은 힘껏 두드릴수록 더욱 깊고 은은한 울림이 더 멀리 메아리져 나간다.

예수님의 온몸이 찢기시고 십자가에 못 박히신 골고다의 아픔은 온 세상을 구원으로 일깨우는 복음의 메아리가 되어 지금도 울려 퍼지고 있다.

나의 하나님, 나의 하나님
어찌하여 나를 버리셨나이까
마태복음 27장 46절

피맺힌 절규가 역설적으로 잃어버린 영혼들을 찾아 구원하는 우렁찬 함성이 되어 이천 년 역사를 관통해 지금도 울려 퍼지고 있다.

주님! 비록 잘 이해가 되지 않는 깊은 상처를 제게 주셨지만, 제 아픔을 통해 저보다 더 아파하는 사람들을 볼 수 있는 눈을 열어 주소서! 그들의 시린 가슴을 보듬어 안을 넉넉한 마음을 주소서! 제 울음이 아파하는 분들에게 위로와 평안의 메시지가 되게 하시고 만방에 복음의 메아리로 울려 퍼지게 하소서! 제 상처 (scar)가 변하여 별(star)이 되게 하소서!

여호와께서 자기 백성의 상처를 싸매시며
그들의 맞은 자리를 고치시는 날에는
달빛은 햇빛 같겠고 햇빛은 일곱 배가 되어
일곱 날의 빛과 같으리라
이사야 30장 26절

그리움은

별이

되어

천국 스카우트, 천국 오리엔테이션

유난히 유머가 많고 창의성 풍부한 딸이 슬픔에 잠긴 아빠를 위로할 양으로 말한다.

"엄마가 너무 착한 사람이라 하늘나라에서 스카우트했다고 생각하세요. 아마 지금쯤 천국 신입생 오리엔테이션 때문에 정신없이 바쁠 거예요. 아빠, 먼저 가신 할머니가 선배로서 이런저런 코치를 해주시지 않을까요!"

딸 서현이의 조크로 모처럼 만에 활짝 웃었다.

"그런데 네 엄마 행동이 느리고 시력도 좋지 않아 애 좀 먹겠는데. 연수 담당 천사들한테 꾸지람들으면 어떡하나."

이렇게 응수했더니 딸이 활짝 웃는다. 그렇다. 웃음은 고통을 덜어주는 묘약이다. 어려운 상황일수록 일부러라도 자주 웃고 조크도 해야 한다.

아내는 하늘 낙원에서 아름다운 안식을 취하고 있음을 믿는
다. 나사로가 아브라함 품에 안겨 안식하듯, 낙원에서 천사들과
함께 그리고 아브라함, 모세, 다윗, 베드로, 바울 등 믿음의 선
배들과 함께 예수님 품에서 안식을 취하고 있음이 분명하다. 생
명나무가 즐비하고 생명 시내가 흐르며 천사들의 합창이 배경음
악으로 쉼 없이 이어지고 사랑, 희락, 화평으로 충만한 그곳에서
아름다운 영적 교제의 축복을 누리고 있으리라.

생각만 해도 부럽다! 나도 하늘 아버지께서 이 땅에 남겨주신
소명 아름답게 마무리하는 날, 말할 수 없는 영광 가운데 아내
찾아 하늘 소풍을 떠나리라!

내 사랑이여! 이 땅에서 내가 베풀어 주지 못한, 클래스가 전
혀 다른, 차원 높은 행복과 기쁨을, 그리고 사랑과 평안을 맘
껏 누리시길! 그대는 그럴 자격이 충분한 사람이니까! 그대
는 사랑받기 위해 태어났고 사랑받기 위해 떠난 사람이니까!
Bye~ My Darling! See You!

그리움은 별이 되어

제주 밤하늘에 유난히도 별이 총총히 빛나는 밤이다. 한참을 올려다보며 "사랑하는 아내가 어느 별에서 나를 바라보고 있을까?" 하고 상상의 나래를 펼쳐본다.

아내가 떠나간 후 나는 자주 하늘을 올려다보는 습관이 생겼다. 아내가 '하늘나라'로 갔다고 믿기에 하늘 어디에 나의 사랑이 둥지를 틀고 깃들어 있는지 무척 궁금하다. 물론 아내의 육신은 한 줌 재가 되어 납골당에 안치되어 있지만 그 영혼은 깃털처럼 가벼운 자유의 날개를 타고 그토록 사모하던 영혼의 본향으로 돌아갔기에 그녀가 머물고 있을 '하늘나라'에 대한 호기심이 많아졌다.

나는 가끔 엉뚱한 발상을 해 보곤 한다. 성경 누가복음 19장, 므나의 비유에서 보듯 하나님께서는 우리가 이 땅에서 복음전파에 수고한 만큼 상급을 주신다. 어떤 사람에게는 열 고을 다스리는 권세를, 어떤 사람에게는 다섯 고을 다스리는 권세를 주신다고 하셨는데, 혹시 그 고을들이 우주에 널려있는 '별'들이 아닐까 상상해 본다. 이것은 어디까지나 필자의 추론이니 사실과 부합하지 않을 수 있다.

하지만 다음 구절에서 보듯이 별은 하나님의 영광과 영원이라는 개념과 맞물려 있다. 그러니 그렇게 엉뚱한 발상은 아닐지도 모른다고 혼자 생각해 본다.

지혜로운 자는 궁창의 빛과 같이 빛날 것이요
많은 사람을 의로운 데로 돌아오게 한 사람은
하늘의 별과 같이 영원토록 빛나리라
다니엘서 12장 3절

학창 시절 자주 불렀던, 가수 윤형주의 노래 '두 개의 작은 별'이 바람과 함께 귓전을 스친다.

저 별은 나의 별 저 별은 너의 별
별빛이 물들은 밤같이 까만 눈동자
저 별은 나의 별 저 별은 너의 별
아침이슬 내릴 때까지

내 사랑, 나의 여인아! 만일 당신이 어느 별에 머물고 있다면 내가 볼 수 있도록 깜박깜박 신호를 보내봐요.
당신도 나를 생각하며 지구를 바라보고 있다는 사인을 보내

줘요!

눈이 아프도록 밤하늘의 별 무리를 주시해 보았지만 높이 지나가는 비행기의 불빛만 깜박일 뿐 대답이 없다.

사랑하는 아내여! 나의 천사여! 우리 비록 잠시 헤어져 있지만 어두운 밤하늘을 밝히는 두 개의 작은 별이 되어 서로의 사랑을 이어 나가요! 부디 당신이 머무는 낙원에서 영원한 안식과 평안을 누리길 기도할게요. 당신도 나와 우리 가족을 위해 가까이 계신 주님께 늘 중보기도 해줘요.

부부란 무슨 인연이기에 헤어짐이 이다지도 아프단 말인가! 피 한 방울 안 섞인 남남으로 만났는데. 마치 한데 접붙여 놓은 두 나무가 비바람, 눈서리, 햇빛 받으며 한 몸처럼 옹이가 박히고 새살이 돋아 접합 부위를 감싸 안 듯, 부부란 그런 것이 아닐까! 그래서 부부간의 이별이 생살 도려내듯 아프고 가슴 저미는 통증을 가져오는 것이다. 이 상처가 아물고, 이 고통의 트라우마가 진정되려면 또 그만큼의 세월이 흘러야 할 것이다.

오늘날 너무나 많은 부부가 칼로 무 베듯, 이렇듯 소중한 부부인연을 싹둑싹둑 잘라내고 있다. 아프지도 않을까! 나무도 생살을 베어내면 아파서 진액을 뚝뚝 흘리는데! 내가 아내와 사별해 보니 부부의 이별이란 하늘이 맺어준 인연의 끈을 잘라내는, 운명의 매듭을 자르는 잔인한 가위질이라는 사실을 깨우치게 되었다. 더욱이 부부의 관계 단절은 당사자들만의 문제가 아니다. 나무로 치면 함께 연결되어 뻗은 줄기와 가지, 또 그 끝에 피어난 꽃망울, 맺힌 열매가 모두 손상되고 훼손되는 엄청난 일이다. 사랑하는 가족, 자녀들에게도 오랫동안 깊은 상처를 남긴다.

　이 세상 80억 인구 가운데 하나님께서 맺어주신 부부의 인연은 아주 특별하고 아주 소중한 관계다. 하나님께서는 아담에게 돕는 배필로 아내를 주셨다. 남편의 부족함과 모난 부분을 보완해 줄 조력자로 주신 것이다. 나는 이 점에서 하나님께 감사드린다. 비록 아내가 천수를 다 누리지 못하고 세상을 떠났지만 35년 결혼생활 동안 나와 가정과 교회사역에 헌신적인 배필이었다. 늘 잔잔한 미소에 여유로운 마음으로 나의 급한 성미와 모난 부분을 감싸 안았다.
　내가 이 세상에 태어나 가장 잘한 일이라면 첫째가 하나님을 만난 일이고 둘째가 아내를 만난 일이다. 아내를 통해 부부인연이 축복이라는 성경의 가르침을 몸소 깨닫게 되었다. 비록 끝까지 못다 나눈 사랑이지만, 그동안 밤낮없이 바늘과 실처럼 껌딱지 부부로 살아온 것을 감안하면 우리 부부의 인연은 아마도 60년은 넘으리라!

하나님! 감사합니다. 이렇듯 아름답고 착하고 현숙한 아내를
제게 배필로 주셔서 감사합니다.
그리고 사랑하는 아내를 데려가심으로 이렇게 목 놓아,
못다 한 사랑 노래를 쓰게 하심도 감사합니다!
이 모두가 하나님 아버지의 섭리임을 믿습니다!
이 땅에서는 비록 미완의 사랑이지만
천상으로 이어지는 영원한 사랑! 별 같은 사랑, 별들의 사랑
이 되게 축복하여 주소서!

인간의 만남에는 때가 있고 끝이 있다.
아내와의 만남도 그랬다.
우아한 목련꽃 닮은 아내의 미소가 눈앞에 아른거린다.

이 못다 한 사랑 노래를 하늘에 먼저 간 아내에게 바친다.
또 예기치 못한 이별로 가슴 아파하는 이 땅의 유족들에게
깊은 위로를 전한다.

삶은 유한하지만 사랑은 영원하다고!
사랑하는 한, 떠나있어도 우리는 여전히 하나라고!

비록 기억 속으로 사라진 애절한 인연이지만
기억은 언제든지 꺼내어 재생할 수 있는 축복이라고!

떠나보낸 사랑을 그리워하며 맘껏 울어보자!
그리고 이별이 헛되지 않도록 그 사랑을 위하여
다시 일어서자!

눈이 부시도록 아름답게,
각자에게 남겨진 삶을 살아내자!
다시 만날 영광의 재회를 꿈꾸며,
우리에게 소망이 있음에 감사하자!

천사와 춤을
(Dancing with an Angel)

서울대 환경대학원 졸업식

5월의 눈부신 신부

신혼여행

잊지 못할 여행(스위스 루가노 산책)

모나코 해변에서 아내와 함께

딸과 아들, 환상의 포트폴리오

가족사진

가족여행(제주 승마장)

이탈리아 카프리섬에서 가족과 함께

아주 특별했던 고부간의 사랑

어머니 칠순기념 사진

이스라엘 성지순례

빌리그래함 전도대회 50주년 기념대회

지구촌교회 열린목자대학 수료식

축제와 같았던 딸의 결혼식

딸의 결혼식

전주시기독교근대역사기념

딸의 결혼식 후 딸과의 댄스

자녀의 조기 유학

딸의 시카고대학 졸업식

딸의 결혼식

딸의 결혼식 파티(아내와 아들)

손주 다니엘

다니엘의 외할머니 문병

나의 회갑여행

숙소의 멋진 조경을 배경으로

항암 초기 아내의 마지막 생일파티

실내 황톳길 어싱

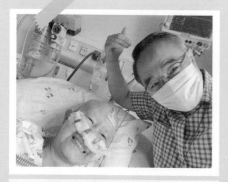

대학병원 집중치료실

아내의 장례식

딸 서현을 위한

원거리태교편지

서현이가 아빠에게 (엄마가 대신 쓴)편지

서현이가 아빠에게 (엄마가 대신 쓴)편지

아빠가 뱃속 서현에게 쓴 편지

아빠가 뱃속 서현에게 쓴 편지